NE 능률

기본 연산 Check-Book

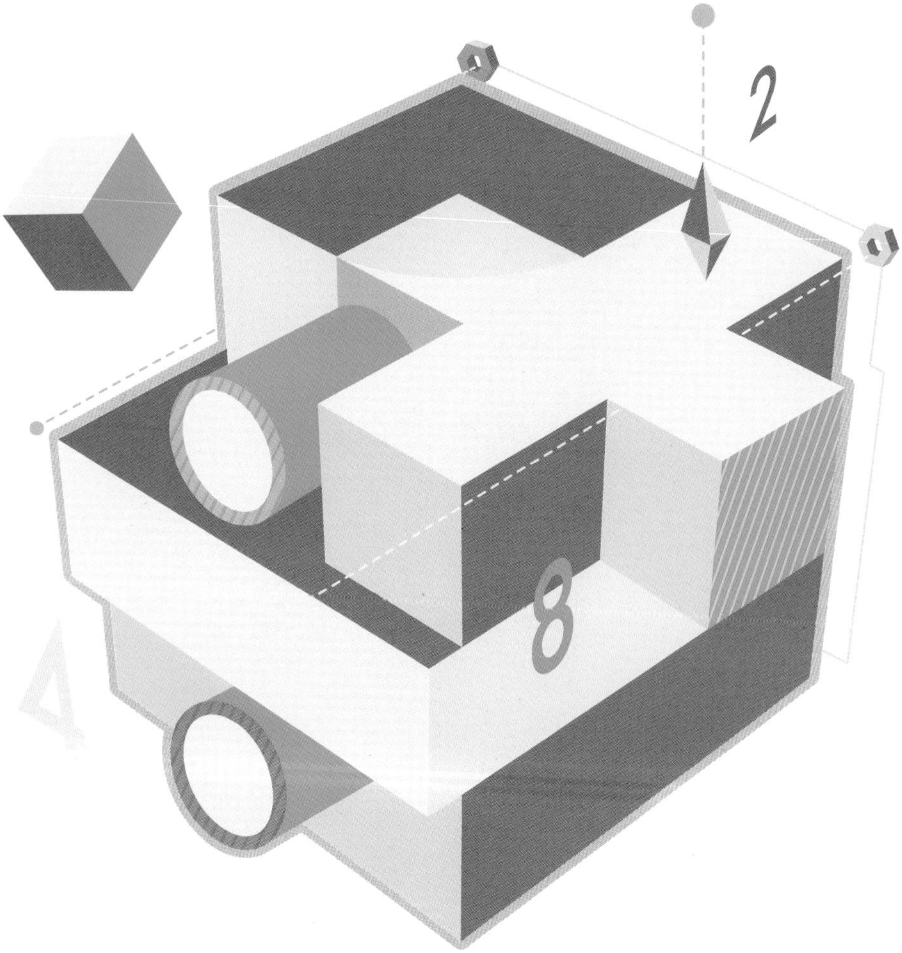

6세 2호

더하기 빼기 1과 2

1주 더하기 1

❶ $1+1=\square$

❷ $2+1=\square$

❸ $3+1=\square$

❹ $4+1=\square$

❺ $5+1=\square$

❻ $6+1=\square$

❼ $7+1=\square$

❽ $8+1=\square$

❾ $9+1=\square$

❿ $5+1=\square$

⓫ $4+1=\square$

⓬ $2+1=\square$

⓭ $9+1=\square$

⓮ $1+1=\square$

⓯ $3+1=\square$

⓰ $7+1=\square$

⓱ $6+1=\square$

⓲ $8+1=\square$

⓳ $\begin{array}{r} 3 \\ +\ 1 \\ \hline \square \end{array}$

⓴ $\begin{array}{r} 6 \\ +\ 1 \\ \hline \square \end{array}$

㉑ $\begin{array}{r} 4 \\ +\ 1 \\ \hline \square \end{array}$

㉒ $\begin{array}{r} 5 \\ +\ 1 \\ \hline \square \end{array}$

㉓ $\begin{array}{r} 1 \\ +\ 1 \\ \hline \square \end{array}$

㉔ $\begin{array}{r} 2 \\ +\ 1 \\ \hline \square \end{array}$

㉕ $\begin{array}{r} 8 \\ +\ 1 \\ \hline \square \end{array}$

㉖ $\begin{array}{r} 7 \\ +\ 1 \\ \hline \square \end{array}$

자르는 선

㉗ $9+1=\square$ ㉘ $8+1=\square$ ㉙ $7+1=\square$

㉚ $6+1=\square$ ㉛ $5+1=\square$ ㉜ $4+1=\square$

㉝ $3+1=\square$ ㉞ $2+1=\square$ ㉟ $1+1=\square$

㊱ $3+1=\square$ ㊲ $2+1=\square$ ㊳ $7+1=\square$

㊴ $4+1=\square$ ㊵ $9+1=\square$ ㊶ $1+1=\square$

㊷ $8+1=\square$ ㊸ $5+1=\square$ ㊹ $6+1=\square$

㊺ $\begin{array}{r} 2 \\ +\ 1 \\ \hline \square \end{array}$ ㊻ $\begin{array}{r} 8 \\ +\ 1 \\ \hline \square \end{array}$ ㊼ $\begin{array}{r} 6 \\ +\ 1 \\ \hline \square \end{array}$ ㊽ $\begin{array}{r} 5 \\ +\ 1 \\ \hline \square \end{array}$

㊾ $\begin{array}{r} 4 \\ +\ 1 \\ \hline \square \end{array}$ ㊿ $\begin{array}{r} 1 \\ +\ 1 \\ \hline \square \end{array}$ 51 $\begin{array}{r} 7 \\ +\ 1 \\ \hline \square \end{array}$ 52 $\begin{array}{r} 3 \\ +\ 1 \\ \hline \square \end{array}$

자르는 선

2주 더하기 1과 2

❶ $1+2=\square$

❷ $2+2=\square$

❸ $3+2=\square$

❹ $4+2=\square$

❺ $5+2=\square$

❻ $6+2=\square$

❼ $7+2=\square$

❽ $8+2=\square$

❾ $3+2=\square$

❿ $2+2=\square$

⓫ $7+2=\square$

⓬ $4+2=\square$

⓭ $8+2=\square$

⓮ $1+2=\square$

⓯ $6+2=\square$

⓰ $5+2=\square$

⓱ $\begin{array}{r} 5 \\ +\ 2 \\ \hline \square \end{array}$

⓲ $\begin{array}{r} 2 \\ +\ 2 \\ \hline \square \end{array}$

⓳ $\begin{array}{r} 3 \\ +\ 2 \\ \hline \square \end{array}$

⓴ $\begin{array}{r} 7 \\ +\ 2 \\ \hline \square \end{array}$

㉑ $\begin{array}{r} 4 \\ +\ 2 \\ \hline \square \end{array}$

㉒ $\begin{array}{r} 1 \\ +\ 2 \\ \hline \square \end{array}$

㉓ $\begin{array}{r} 6 \\ +\ 2 \\ \hline \square \end{array}$

㉔ $\begin{array}{r} 8 \\ +\ 2 \\ \hline \square \end{array}$

자르는 선

월 일

㉕ $8+2=\square$　㉖ $7+2=\square$　㉗ $6+2=\square$

㉘ $5+2=\square$　㉙ $4+2=\square$　㉚ $3+2=\square$

㉛ $2+2=\square$　㉜ $1+2=\square$

㉝ $5+2=\square$　㉞ $4+2=\square$　㉟ $8+2=\square$

㊱ $3+2=\square$　㊲ $7+2=\square$　㊳ $6+2=\square$

㊴ $1+2=\square$　㊵ $2+2=\square$

㊶ $\begin{array}{r} 2 \\ +\ 2 \\ \hline \square \end{array}$　㊷ $\begin{array}{r} 3 \\ +\ 2 \\ \hline \square \end{array}$　㊸ $\begin{array}{r} 8 \\ +\ 2 \\ \hline \square \end{array}$　㊹ $\begin{array}{r} 6 \\ +\ 2 \\ \hline \square \end{array}$

㊺ $\begin{array}{r} 4 \\ +\ 2 \\ \hline \square \end{array}$　㊻ $\begin{array}{r} 5 \\ +\ 2 \\ \hline \square \end{array}$　㊼ $\begin{array}{r} 1 \\ +\ 2 \\ \hline \square \end{array}$　㊽ $\begin{array}{r} 7 \\ +\ 2 \\ \hline \square \end{array}$

자르는 선

3주 □가 있는 더하기

❶
- 1+1=□
- 1+2=□

❷
- 2+1=□
- 2+2=□

❸
- 3+1=□
- 3+2=□

❹
- 4+1=□
- 4+2=□

❺
- 5+1=□
- 5+2=□

❻
- 6+1=□
- 6+2=□

❼
- 7+1=□
- 7+2=□

❽
- 8+1=□
- 8+2=□

❾ 4+1=□ ❿ 5+2=□ ⓫ 3+1=□

⓬ 8+2=□ ⓭ 6+1=□ ⓮ 7+2=□

⓯ 2+1=□ ⓰ 1+2=□ ⓱ 9+1=□

⓲ 4+2=□ ⓳ 7+1=□ ⓴ 3+2=□

㉑ 8+1=□ ㉒ 6+2=□ ㉓ 5+1=□

자르는 선

㉔ 3+1=□
㉕ 7+2=□
㉖ 6+1=□
㉗ 8+2=□
㉘ 9+1=□
㉙ 1+2=□
㉚ 2+1=□
㉛ 4+2=□
㉜ 5+1=□
㉝ 4+1=□
㉞ 2+2=□
㉟ 6+2=□
㊱ 8+1=□
㊲ 3+2=□
㊳ 5+2=□
㊴ 1+1=□
㊵ 7+1=□

㊶ 5 + 1 = □
㊷ 4 + 2 = □
㊸ 2 + 1 = □
㊹ 7 + 2 = □
㊺ 9 + 1 = □
㊻ 8 + 2 = □
㊼ 3 + 1 = □
㊽ 6 + 2 = □

자르는 선

4주

빼기 1

❶ $1-1=\square$

❷ $2-1=\square$

❸ $3-1=\square$

❹ $4-1=\square$

❺ $5-1=\square$

❻ $6-1=\square$

❼ $7-1=\square$

❽ $8-1=\square$

❾ $9-1=\square$

❿ $3-1=\square$

⓫ $7-1=\square$

⓬ $6-1=\square$

⓭ $5-1=\square$

⓮ $9-1=\square$

⓯ $8-1=\square$

⓰ $2-1=\square$

⓱ $1-1=\square$

⓲ $4-1=\square$

⓳ $\begin{array}{r} 2 \\ -\ 1 \\ \hline \square \end{array}$

⓴ $\begin{array}{r} 7 \\ -\ 1 \\ \hline \square \end{array}$

㉑ $\begin{array}{r} 4 \\ -\ 1 \\ \hline \square \end{array}$

㉒ $\begin{array}{r} 6 \\ -\ 1 \\ \hline \square \end{array}$

㉓ $\begin{array}{r} 9 \\ -\ 1 \\ \hline \square \end{array}$

㉔ $\begin{array}{r} 8 \\ -\ 1 \\ \hline \square \end{array}$

㉕ $\begin{array}{r} 3 \\ -\ 1 \\ \hline \square \end{array}$

㉖ $\begin{array}{r} 5 \\ -\ 1 \\ \hline \square \end{array}$

자르는 선

월 일

㉗ $9-1=\square$ ㉘ $8-1=\square$ ㉙ $7-1=\square$

㉚ $6-1=\square$ ㉛ $5-1=\square$ ㉜ $4-1=\square$

㉝ $3-1=\square$ ㉞ $2-1=\square$ ㉟ $1-1=\square$

㊱ $5-1=\square$ ㊲ $7-1=\square$ ㊳ $2-1=\square$

㊴ $8-1=\square$ ㊵ $4-1=\square$ ㊶ $3-1=\square$

㊷ $1-1=\square$ ㊸ $9-1=\square$ ㊹ $6-1=\square$

㊺ $\begin{array}{r} 3 \\ -\ 1 \\ \hline \square \end{array}$ ㊻ $\begin{array}{r} 7 \\ -\ 1 \\ \hline \square \end{array}$ ㊼ $\begin{array}{r} 6 \\ -\ 1 \\ \hline \square \end{array}$ ㊽ $\begin{array}{r} 4 \\ -\ 1 \\ \hline \square \end{array}$

㊾ $\begin{array}{r} 2 \\ -\ 1 \\ \hline \square \end{array}$ ㊿ $\begin{array}{r} 9 \\ -\ 1 \\ \hline \square \end{array}$ 51 $\begin{array}{r} 5 \\ -\ 1 \\ \hline \square \end{array}$ 52 $\begin{array}{r} 3 \\ -\ 1 \\ \hline \square \end{array}$

자르는 선

5주 빼기 1과 2

❶ $2-2=\square$

❷ $3-2=\square$

❸ $4-2=\square$

❹ $5-2=\square$

❺ $6-2=\square$

❻ $7-2=\square$

❼ $8-2=\square$

❽ $9-2=\square$

❾ $5-2=\square$

❿ $3-2=\square$

⓫ $2-2=\square$

⓬ $6-2=\square$

⓭ $7-2=\square$

⓮ $4-2=\square$

⓯ $9-2=\square$

⓰ $8-2=\square$

⓱ $\begin{array}{r} 7 \\ -\ 2 \\ \hline \square \end{array}$

⓲ $\begin{array}{r} 2 \\ -\ 2 \\ \hline \square \end{array}$

⓳ $\begin{array}{r} 6 \\ -\ 2 \\ \hline \square \end{array}$

⓴ $\begin{array}{r} 5 \\ -\ 2 \\ \hline \square \end{array}$

㉑ $\begin{array}{r} 8 \\ -\ 2 \\ \hline \square \end{array}$

㉒ $\begin{array}{r} 9 \\ -\ 2 \\ \hline \square \end{array}$

㉓ $\begin{array}{r} 3 \\ -\ 2 \\ \hline \square \end{array}$

㉔ $\begin{array}{r} 4 \\ -\ 2 \\ \hline \square \end{array}$

자르는 선

월 일

㉕ 9−2=□
㉖ 8−2=□
㉗ 7−2=□

㉘ 6−2=□
㉙ 5−2=□
㉚ 4−2=□

㉛ 3−2=□
㉜ 2−2=□

㉝ 6−2=□
㉞ 2−2=□
㉟ 5−2=□

㊱ 4−2=□
㊲ 3−2=□
㊳ 9−2=□

㊴ 8−2=□
㊵ 7−2=□

㊶ $\begin{array}{r} 3 \\ -\ 2 \\ \hline \square \end{array}$

㊷ $\begin{array}{r} 9 \\ -\ 2 \\ \hline \square \end{array}$

㊸ $\begin{array}{r} 2 \\ -\ 2 \\ \hline \square \end{array}$

㊹ $\begin{array}{r} 6 \\ -\ 2 \\ \hline \square \end{array}$

㊺ $\begin{array}{r} 8 \\ -\ 2 \\ \hline \square \end{array}$

㊻ $\begin{array}{r} 4 \\ -\ 2 \\ \hline \square \end{array}$

㊼ $\begin{array}{r} 5 \\ -\ 2 \\ \hline \square \end{array}$

㊽ $\begin{array}{r} 7 \\ -\ 2 \\ \hline \square \end{array}$

자르는 선

6주 □가 있는 빼기

❶ 2－1＝□
2－2＝□

❷ 3－1＝□
3－2＝□

❸ 4－1＝□
4－2＝□

❹ 5－1＝□
5－2＝□

❺ 6－1＝□
6－2＝□

❻ 7－1＝□
7－2＝□

❼ 8－1＝□
8－2＝□

❽ 9－1＝□
9－2＝□

❾ 3－1＝□

❿ 7－2＝□

⓫ 6－1＝□

⓬ 5－2＝□

⓭ 8－1＝□

⓮ 9－2＝□

⓯ 2－1＝□

⓰ 4－2＝□

⓱ 5－1＝□

⓲ 8－2＝□

⓳ 6－1＝□

⓴ 4－1＝□

㉑ 7－1＝□

㉒ 9－1＝□

㉓ 3－2＝□

자르는 선

월 일

㉔ $4-1=\square$ ㉕ $7-2=\square$ ㉖ $2-1=\square$

㉗ $3-2=\square$ ㉘ $9-1=\square$ ㉙ $6-2=\square$

㉚ $8-1=\square$ ㉛ $5-2=\square$ ㉜ $1-1=\square$

㉝ $4-2=\square$ ㉞ $9-2=\square$ ㉟ $3-1=\square$

㊱ $6-1=\square$ ㊲ $8-2=\square$ ㊳ $5-1=\square$

㊴ $7-1=\square$ ㊵ $2-2=\square$

㊶ $\begin{array}{r} 3 \\ -\ 1 \\ \hline \square \end{array}$ ㊷ $\begin{array}{r} 7 \\ -\ 2 \\ \hline \square \end{array}$ ㊸ $\begin{array}{r} 4 \\ -\ 1 \\ \hline \square \end{array}$ ㊹ $\begin{array}{r} 2 \\ -\ 2 \\ \hline \square \end{array}$

㊺ $\begin{array}{r} 8 \\ -\ 1 \\ \hline \square \end{array}$ ㊻ $\begin{array}{r} 9 \\ -\ 2 \\ \hline \square \end{array}$ ㊼ $\begin{array}{r} 5 \\ -\ 1 \\ \hline \square \end{array}$ ㊽ $\begin{array}{r} 6 \\ -\ 2 \\ \hline \square \end{array}$

자르는 선

7주 더하기 1 빼기 1

❶
$1+1=\square$
$1-1=\square$

❷
$2+1=\square$
$2-1=\square$

❸
$3+1=\square$
$3-1=\square$

❹
$4+1=\square$
$4-1=\square$

❺
$5+1=\square$
$5-1=\square$

❻
$6+1=\square$
$6-1=\square$

❼
$7+1=\square$
$7-1=\square$

❽
$8+1=\square$
$8-1=\square$

❾
$9+1=\square$
$9-1=\square$

❿ $3+1=\square$

⓫ $7-1=\square$

⓬ $6+1=\square$

⓭ $4-1=\square$

⓮ $2+1=\square$

⓯ $9-1=\square$

⓰ $8+1=\square$

⓱ $5-1=\square$

⓲ $1+1=\square$

자르는 선

월 일

⑲ $3+1=\square$

⑳ $7-1=\square$

㉑ $6+1=\square$

㉒ $9-1=\square$

㉓ $8+1=\square$

㉔ $2-2=\square$

㉕ $4+1=\square$

㉖ $5-1=\square$

㉗ $1+1=\square$

㉘ $1-1=\square$

㉙ $7+1=\square$

㉚ $9+1=\square$

㉛ $8-1=\square$

㉜ $6-1=\square$

㉝ $3-1=\square$

㉞ $5+1=\square$

㉟ $2+1=\square$

㊱ $4-1=\square$

㊲ $\begin{array}{r} 3 \\ +\ 1 \\ \hline \square \end{array}$

㊳ $\begin{array}{r} 7 \\ -\ 1 \\ \hline \square \end{array}$

㊴ $\begin{array}{r} 6 \\ +\ 1 \\ \hline \square \end{array}$

㊵ $\begin{array}{r} 5 \\ -\ 1 \\ \hline \square \end{array}$

㊶ $\begin{array}{r} 9 \\ +\ 1 \\ \hline \square \end{array}$

㊷ $\begin{array}{r} 4 \\ -\ 1 \\ \hline \square \end{array}$

㊸ $\begin{array}{r} 8 \\ +\ 1 \\ \hline \square \end{array}$

㊹ $\begin{array}{r} 2 \\ -\ 1 \\ \hline \square \end{array}$

자르는 선

8주 더하기 빼기 1과 2

❶ $5+1=\square$ ❷ $6+1=\square$ ❸ $8+1=\square$

❹ $3+1=\square$ ❺ $9+1=\square$ ❻ $2+1=\square$

❼ $4+1=\square$ ❽ $7+1=\square$ ❾ $1+1=\square$

❿ $3-1=\square$ ⓫ $8-1=\square$ ⓬ $4-1=\square$

⓭ $5-1=\square$ ⓮ $1-1=\square$ ⓯ $7-1=\square$

⓰ $2-1=\square$ ⓱ $9-1=\square$ ⓲ $6-1=\square$

⓳ $4+2=\square$ ⓴ $8+2=\square$ ㉑ $7+2=\square$

㉒ $6+2=\square$ ㉓ $3+2=\square$ ㉔ $5+2=\square$

㉕ $9-2=\square$ ㉖ $4-2=\square$ ㉗ $2-2=\square$

㉘ $6-2=\square$ ㉙ $7-2=\square$ ㉚ $3-2=\square$

자르는 선

월 일

㉛ $2+1=\square$

㉜ $7+2=\square$

㉝ $3-1=\square$

㉞ $4-2=\square$

㉟ $8+1=\square$

㊱ $5+2=\square$

㊲ $6-1=\square$

㊳ $9-2=\square$

㊴ $1+1=\square$

㊵ $5-1=\square$

㊶ $3+2=\square$

㊷ $4+1=\square$

㊸ $7-1=\square$

㊹ $9+1=\square$

㊺ $6+2=\square$

㊻ $2-2=\square$

㊼ $1+2=\square$

㊽ $8-2=\square$

㊾ $\begin{array}{r} 3 \\ -\ 2 \\ \hline \square \end{array}$

㊿ $\begin{array}{r} 7 \\ +\ 1 \\ \hline \square \end{array}$

(51) $\begin{array}{r} 6 \\ -\ 2 \\ \hline \square \end{array}$

(52) $\begin{array}{r} 5 \\ +\ 1 \\ \hline \square \end{array}$

(53) $\begin{array}{r} 8 \\ +\ 2 \\ \hline \square \end{array}$

(54) $\begin{array}{r} 4 \\ +\ 2 \\ \hline \square \end{array}$

(55) $\begin{array}{r} 9 \\ -\ 1 \\ \hline \square \end{array}$

(56) $\begin{array}{r} 2 \\ -\ 1 \\ \hline \square \end{array}$

자르는 선

정 답

1주 더하기 1

1~2쪽

(1) 2	(2) 3	(3) 4	(4) 5	(5) 6	(6) 7	(7) 8	(8) 9	(9) 10	(10) 6	(11) 5	(12) 3
(13) 10	(14) 2	(15) 4	(16) 8	(17) 7	(18) 9	(19) 4	(20) 7	(21) 5	(22) 6	(23) 2	(24) 3
(25) 9	(26) 8	(27) 10	(28) 9	(29) 8	(30) 7	(31) 6	(32) 5	(33) 4	(34) 3	(35) 2	(36) 4
(37) 3	(38) 8	(39) 5	(40) 10	(41) 2	(42) 9	(43) 6	(44) 7	(45) 3	(46) 9	(47) 7	(48) 6
(49) 5	(50) 2	(51) 8	(52) 4								

2주 더하기 1과 2

3~4쪽

(1) 3	(2) 4	(3) 5	(4) 6	(5) 7	(6) 8	(7) 9	(8) 10	(9) 5	(10) 4	(11) 9	(12) 6
(13) 10	(14) 3	(15) 8	(16) 7	(17) 7	(18) 4	(19) 5	(20) 9	(21) 6	(22) 3	(23) 8	(24) 10
(25) 10	(26) 9	(27) 8	(28) 7	(29) 6	(30) 5	(31) 4	(32) 3	(33) 7	(34) 6	(35) 10	(36) 5
(37) 9	(38) 8	(39) 3	(40) 4	(41) 4	(42) 5	(43) 10	(44) 8	(45) 6	(46) 7	(47) 3	(48) 9

3주 □가 있는 더하기

5~6쪽

(1) 2.3	(2) 3,4	(3) 4,5	(4) 5,6	(5) 6,7	(6) 7,8	(7) 8,9	(8) 9,10	(9) 5	(10) 7	(11) 4	(12) 10
(13) 7	(14) 9	(15) 3	(16) 3	(17) 10	(18) 6	(19) 8	(20) 5	(21) 9	(22) 8	(23) 6	(24) 4
(25) 9	(26) 7	(27) 10	(28) 10	(29) 3	(30) 3	(31) 6	(32) 6	(33) 5	(34) 4	(35) 8	(36) 9
(37) 5	(38) 7	(39) 2	(40) 8	(41) 6	(42) 6	(43) 3	(44) 9	(45) 10	(46) 10	(47) 4	(48) 8

4주 빼기 1

7~8쪽

(1) 0	(2) 1	(3) 2	(4) 3	(5) 4	(6) 5	(7) 6	(8) 7	(9) 8	(10) 2	(11) 6	(12) 5
(13) 4	(14) 8	(15) 7	(16) 1	(17) 0	(18) 3	(19) 1	(20) 6	(21) 3	(22) 5	(23) 8	(24) 7
(25) 2	(26) 4	(27) 8	(28) 7	(29) 6	(30) 5	(31) 4	(32) 3	(33) 2	(34) 1	(35) 0	(36) 4
(37) 6	(38) 1	(39) 7	(40) 3	(41) 2	(42) 0	(43) 8	(44) 5	(45) 2	(46) 6	(47) 5	(48) 3
(49) 1	(50) 8	(51) 4	(52) 2								

5주 빼기 1과 2

9~10쪽

(1) 0	(2) 1	(3) 2	(4) 3	(5) 4	(6) 5	(7) 6	(8) 7	(9) 3	(10) 1	(11) 0	(12) 4
(13) 5	(14) 2	(15) 7	(16) 6	(17) 5	(18) 0	(19) 4	(20) 3	(21) 6	(22) 7	(23) 1	(24) 2
(25) 7	(26) 6	(27) 5	(28) 4	(29) 3	(30) 2	(31) 1	(32) 0	(33) 4	(34) 0	(35) 3	(36) 2
(37) 1	(38) 7	(39) 6	(40) 5	(41) 1	(42) 7	(43) 0	(44) 4	(45) 6	(46) 2	(47) 3	(48) 5

6주 □가 있는 빼기

11~12쪽

(1) 1,0	(2) 2,1	(3) 3,2	(4) 4,3	(5) 5,4	(6) 6,5	(7) 7,6	(8) 8,7	(9) 2	(10) 5	(11) 5	(12) 3
(13) 7	(14) 7	(15) 1	(16) 2	(17) 4	(18) 6	(19) 5	(20) 3	(21) 6	(22) 8	(23) 1	(24) 3
(25) 5	(26) 1	(27) 1	(28) 8	(29) 4	(30) 7	(31) 3	(32) 0	(33) 2	(34) 7	(35) 2	(36) 5
(37) 6	(38) 4	(39) 6	(40) 0	(41) 2	(42) 5	(43) 3	(44) 0	(45) 7	(46) 7	(47) 4	(48) 4

7주 더하기 1 빼기 1

13~14쪽

(1) 2,0	(2) 3,1	(3) 4,2	(4) 5,3	(5) 6,4	(6) 7,5	(7) 8,6	(8) 9,7	(9) 10,8	(10) 4	(11) 6	(12) 7
(13) 3	(14) 3	(15) 8	(16) 9	(17) 4	(18) 2	(19) 4	(20) 6	(21) 7	(22) 8	(23) 9	(24) 0
(25) 5	(26) 4	(27) 2	(28) 0	(29) 8	(30) 10	(31) 7	(32) 5	(33) 2	(34) 6	(35) 3	(36) 3
(37) 4	(38) 6	(39) 7	(40) 4	(41) 10	(42) 3	(43) 9	(44) 1				

8주 더하기 빼기 1과 2

15~16쪽

(1) 6	(2) 7	(3) 9	(4) 4	(5) 10	(6) 3	(7) 5	(8) 8	(9) 2	(10) 2	(11) 7	(12) 3
(13) 4	(14) 0	(15) 6	(16) 1	(17) 8	(18) 5	(19) 6	(20) 10	(21) 9	(22) 8	(23) 5	(24) 7
(25) 7	(26) 2	(27) 0	(28) 4	(29) 5	(30) 1	(31) 3	(32) 9	(33) 2	(34) 2	(35) 9	(36) 7
(37) 5	(38) 7	(39) 2	(40) 4	(41) 5	(42) 5	(43) 6	(44) 10	(45) 8	(46) 0	(47) 3	(48) 6
(49) 1	(50) 8	(51) 4	(52) 6	(53) 10	(54) 6	(55) 8	(56) 1				

사고셈

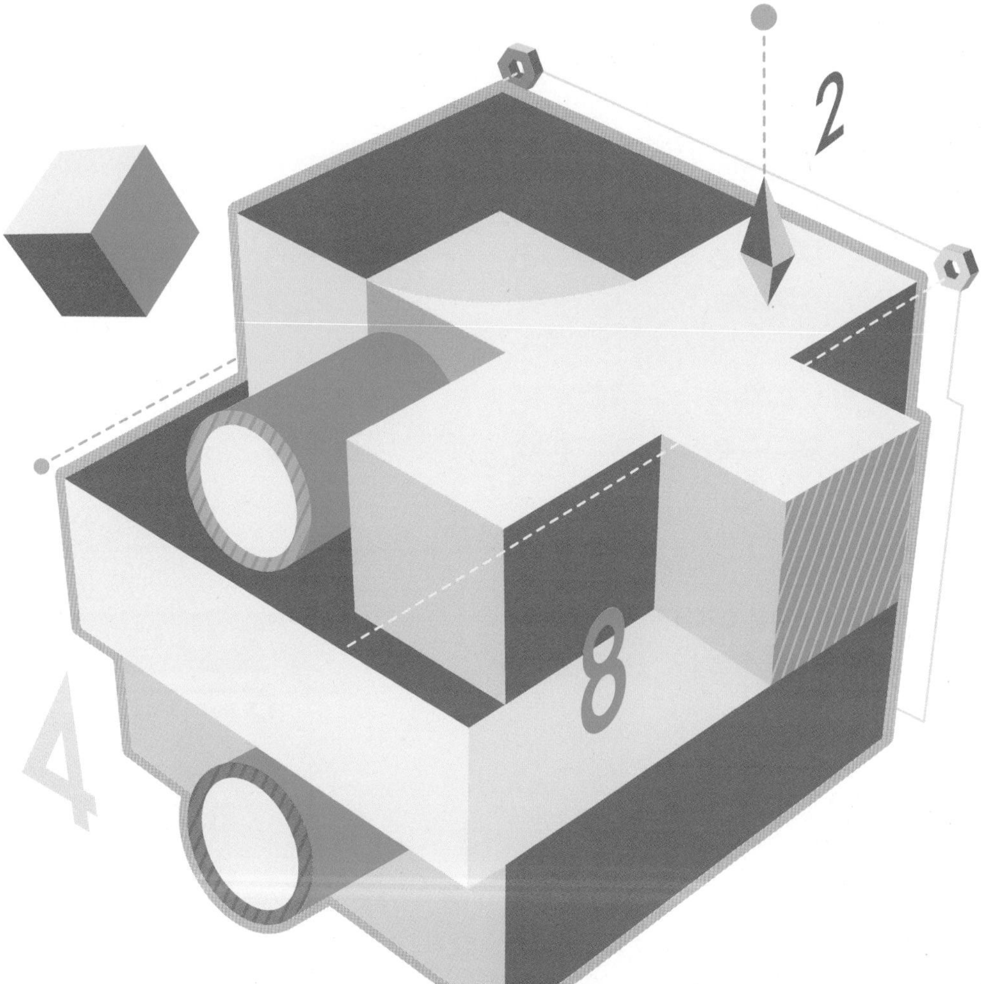

6세 2호

이 책의 구성과 특징

생각의 힘을 키우는 사고(思考)셈은 1주 4개, 8주 32개의 사고력 유형 학습을 통해 수와 연산에 대한 개념의 응용력(추론 및 문제해결능력)을 키울 수 있도록 하였습니다.

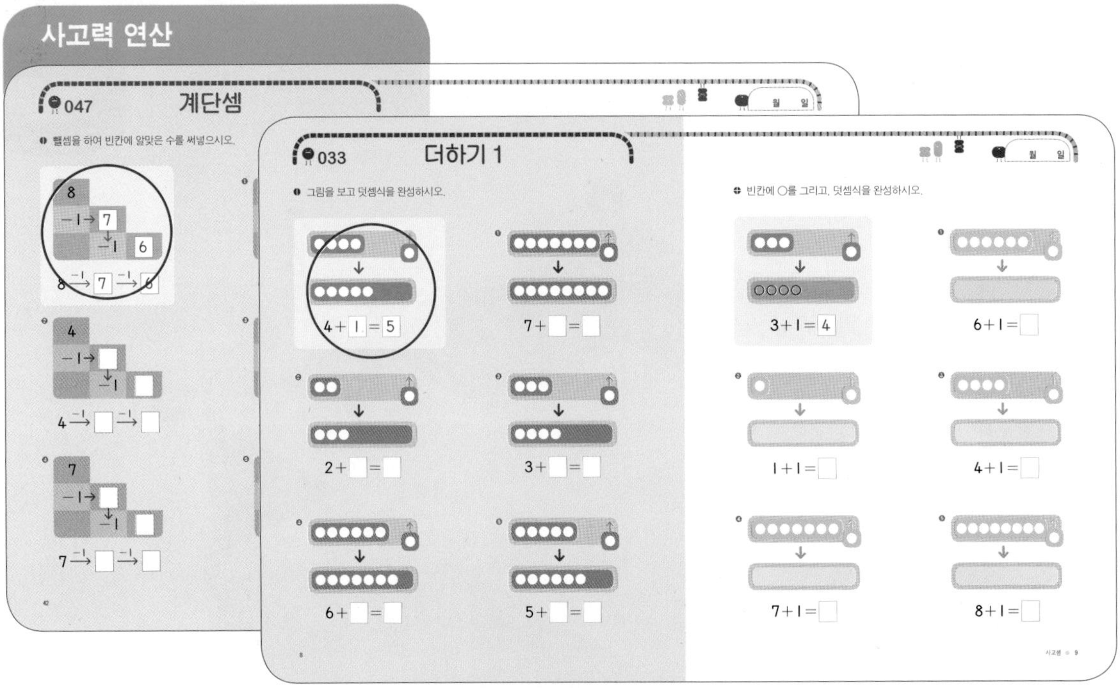

- 대표 사고력 유형으로 연산 원리를 쉽게쉽게
- 1~4일차: 다양한 유형의 주 진도 학습

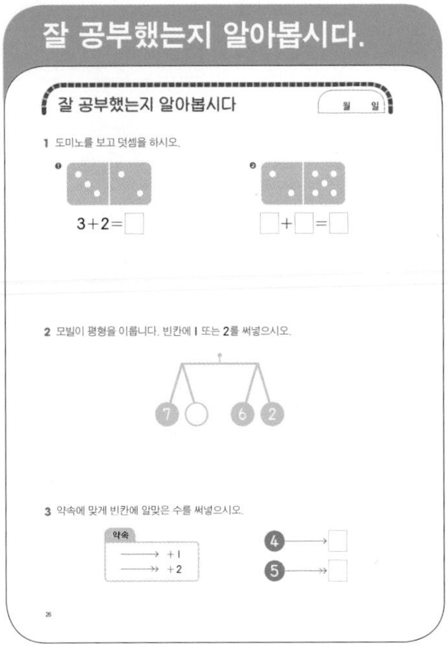

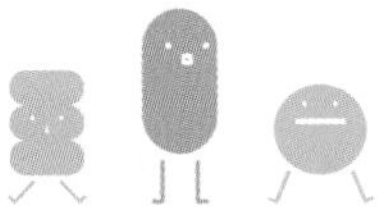

- 5일차 점검 학습: 주 진도 학습 확인

권두부록 (기본연산 Check-Book)

기본연산 Check-Book

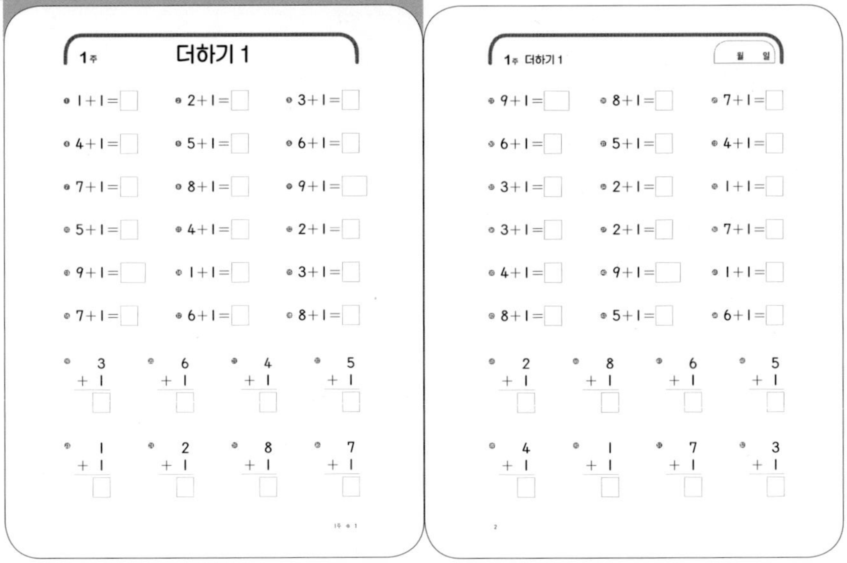

- 본 학습 전 기본연산 실력 진단

권말부록 (G-Book)

Guide Book(정답 및 해설)

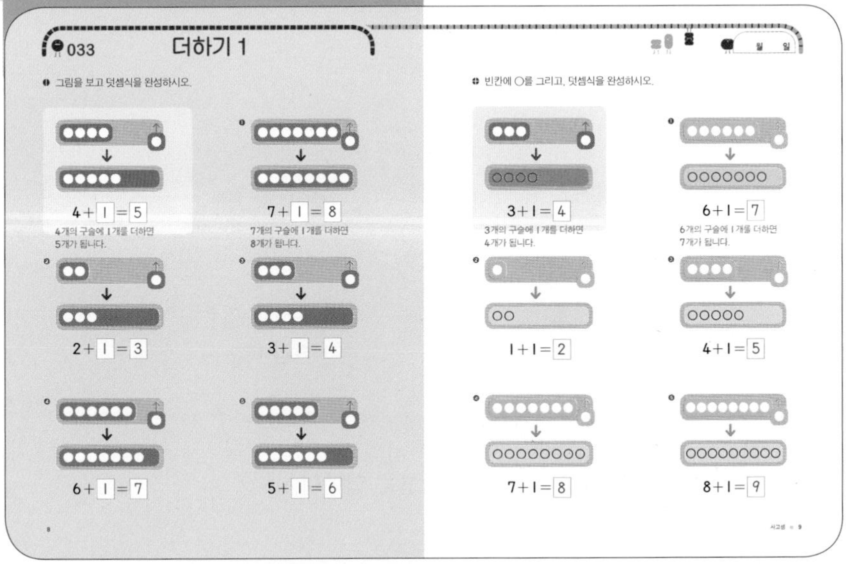

- 문제와 답을 한 눈에!
- 상세한 풀이와 친절한 해설, 답

학습 효과 및 활용법

학습 효과

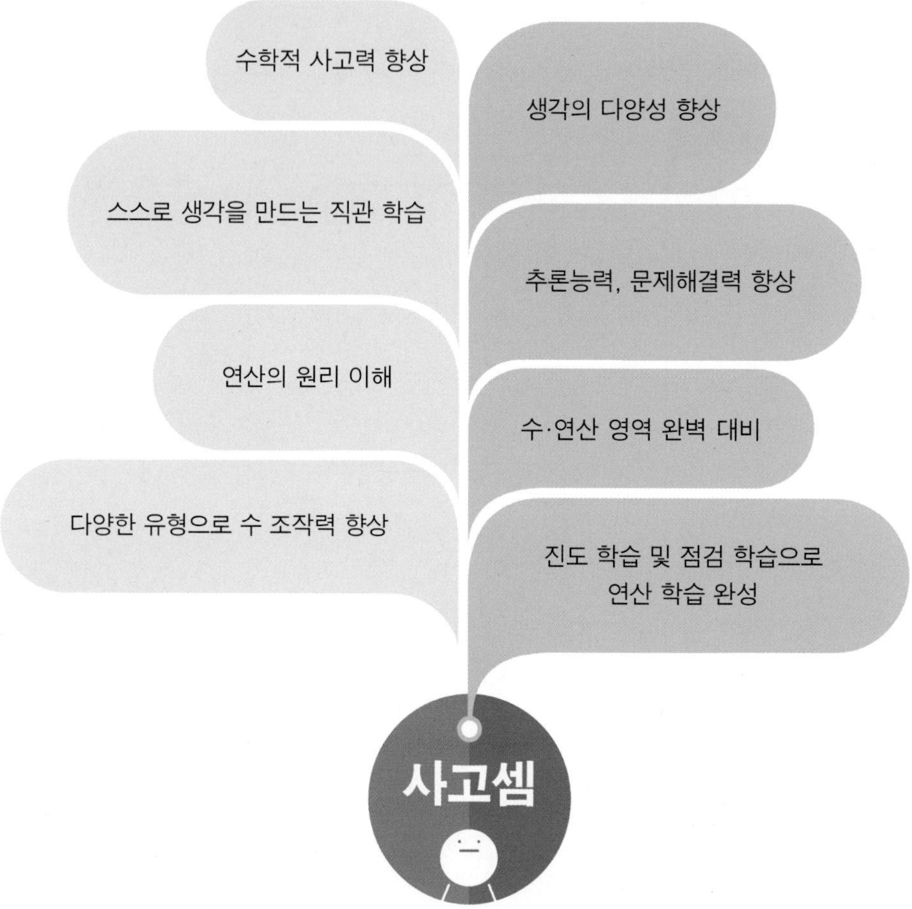

주차별 활용법

1단계
기본연산 Check-Book으로 준비 학습

→

2단계
사고력 유형으로 진도 학습

→

3단계
마무리 문제로 점검 학습

1단계 : 기본연산 Check-Book으로 사고력 연산을 위한 준비 학습을 합니다.

2단계 : 사고력 유형으로 사고력 연산의 진도 학습을 합니다.

3단계 : 한 주마다 점검 학습(잘 공부했는지 알아봅시다)으로 사고력 향상을 확인합니다.

학습 구성

6세

1호	10까지의 수
2호	더하기 빼기 1과 2
3호	합이 9까지인 덧셈
4호	한 자리 수의 뺄셈과 세 수의 계산

7세

1호	한 자리 수의 덧셈과 뺄셈
2호	10 만들기
3호	50까지의 수
4호	더하기 빼기 1과 2, 10과 20

초등 1

1호	덧셈구구
2호	뺄셈구구와 덧셈, 뺄셈 혼합
3호	100까지의 수, 1000까지의 수
4호	받아올림, 받아내림 없는 두 자리 수의 계산

초등 2

1호	두 자리 수와 한 자리 수의 덧셈과 뺄셈
2호	두 자리 수의 덧셈과 뺄셈
3호	곱셈구구
4호	곱셈과 나눗셈 구구

초등 3

1호	세·네 자리 수의 덧셈과 뺄셈
2호	분수와 소수의 기초
3호	두 자리 수의 곱셈과 나눗셈
4호	분수

초등 4

1호	분수의 덧셈과 뺄셈
2호	혼합 계산
3호	소수의 덧셈과 뺄셈
4호	어림하기

이 책의 학습 로드맵

START
시작

1주
더하기 1

2주
더하기 1과 2

3주
□가 있는 더하기

4주
빼기 1

5주
빼기 1과 2

6주
□가 있는 빼기

7주
더하기 1 빼기 1

8주
더하기 빼기 1과 2

GOAL
완성

1 더하기 1

더하기 1

◐ 그림을 보고 덧셈식을 완성하시오.

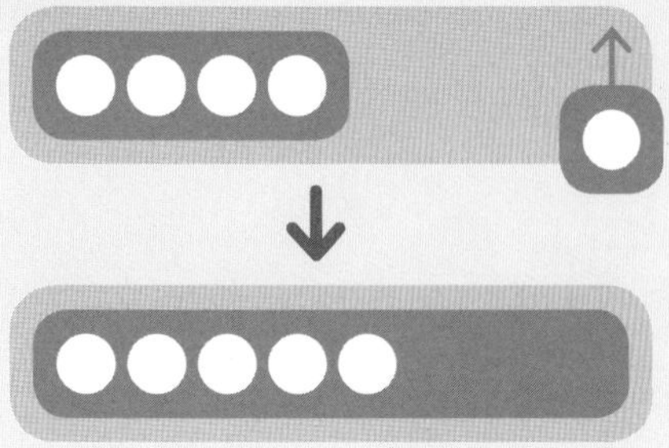

4 + [1] = [5]

❶

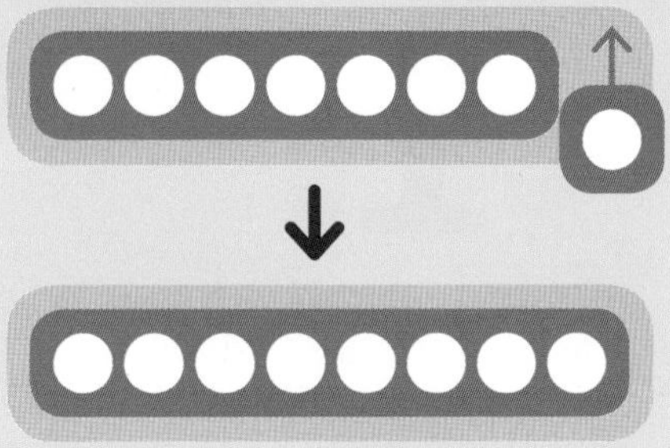

7 + □ = □

❷

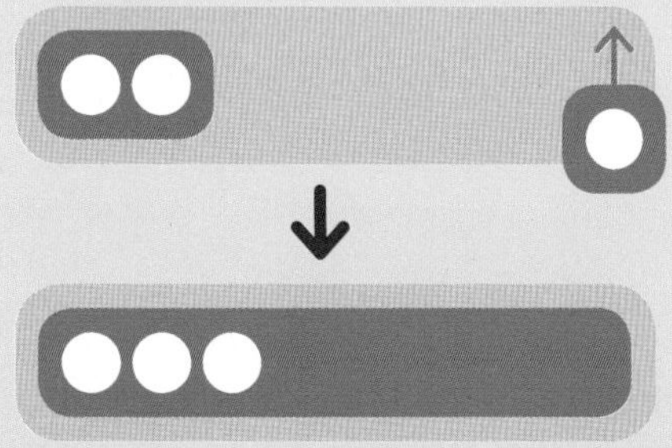

2 + □ = □

❸

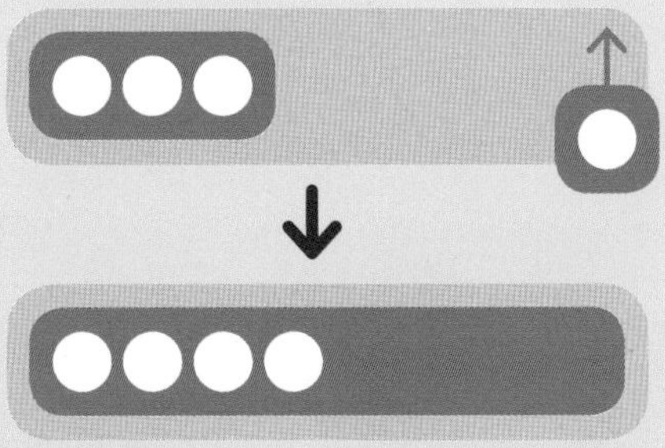

3 + □ = □

❹

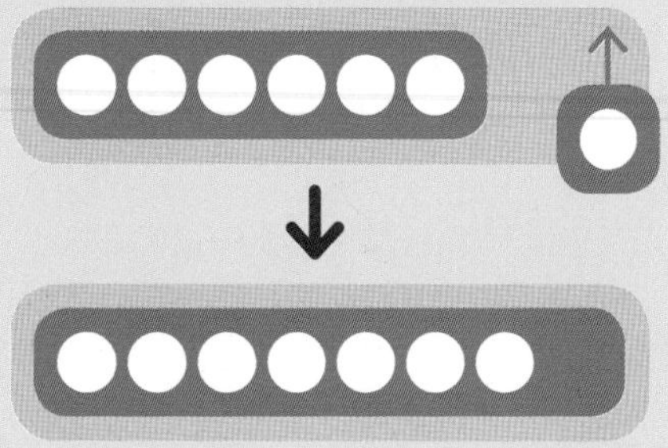

6 + □ = □

❺

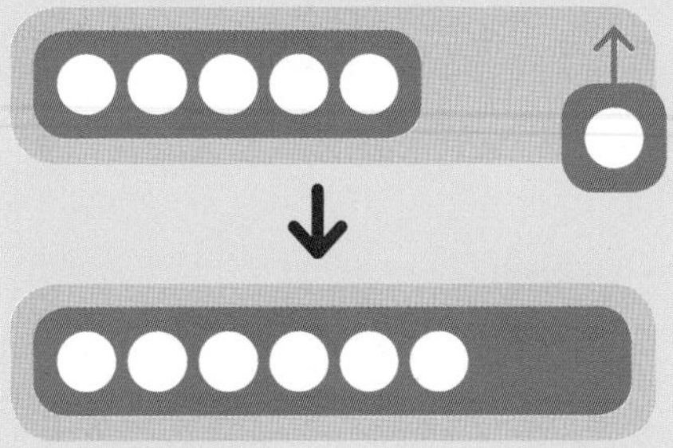

5 + □ = □

빈칸에 ○를 그리고, 덧셈식을 완성하시오.

$3+1=\boxed{4}$

❶

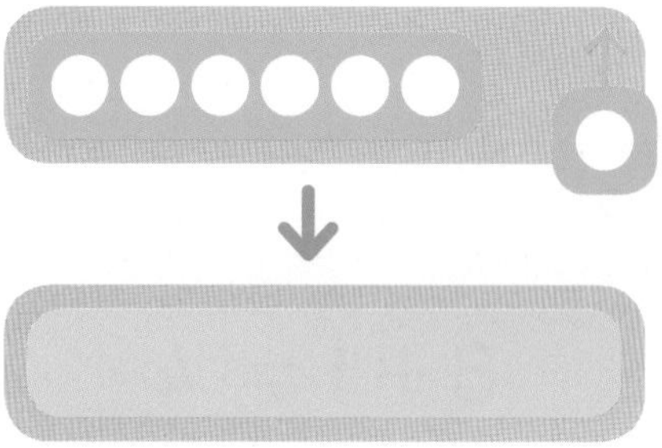

$6+1=\square$

❷

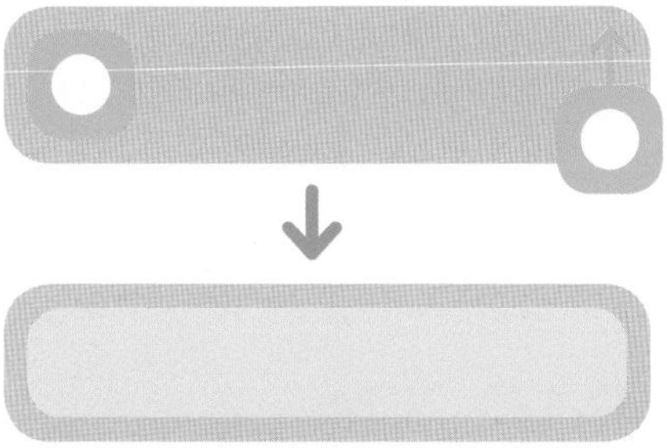

$1+1=\square$

❸

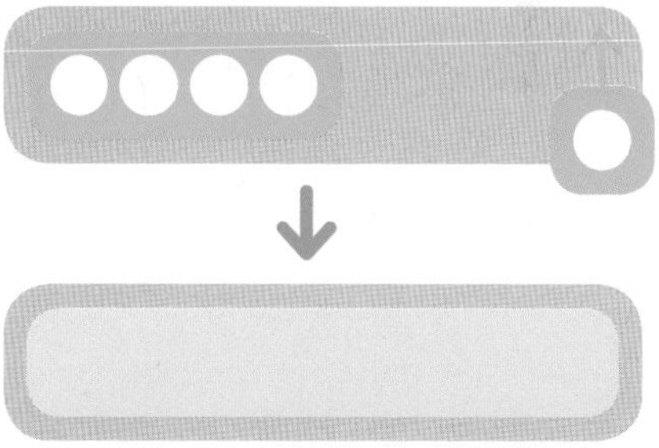

$4+1=\square$

❹

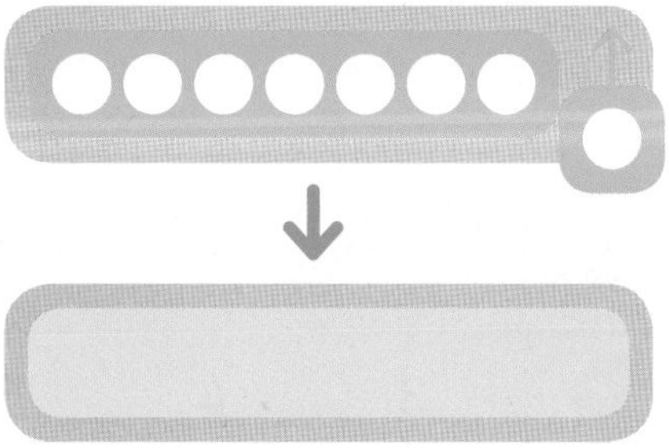

$7+1=\square$

❺

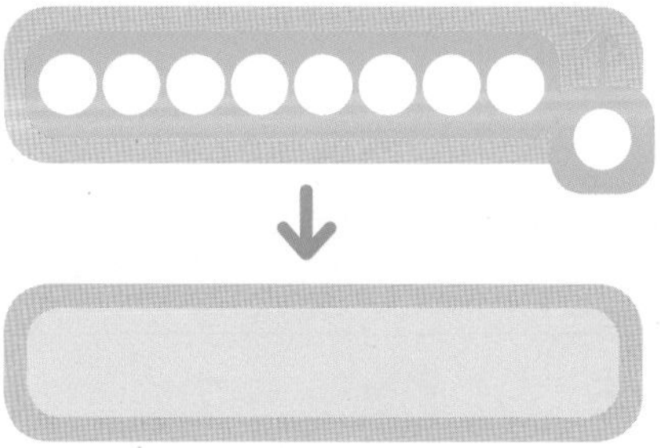

$8+1=\square$

034 앞으로 1칸

◐ 수직선에서 앞으로 1칸 뛰어 센 수에 색칠하고 덧셈을 하시오.

+1

2 3 4 5

$3+1=$ 4

❶

+1

1 2 3 4

$1+1=$ □

❷

+1

3 4 5 6

$5+1=$ □

❸

+1

6 7 8 9

$7+1=$ □

❹

+1

4 5 6 7

$4+1=$ □

❺

+1

7 8 9 10

$9+1=$ □

❻

+1

5 6 7 8

$6+1=$ □

❼

+1

2 3 4 5

$2+1=$ □

수직선을 보고 빈칸에 알맞은 수를 써넣으시오.

(예시) +1: 3 4 5 6

$5+1=6$

❶ +1: 2 3 □ 5

$3+1=\square$

❷ +1: 6 □ 8 9

$6+1=\square$

❸ +1: 6 7 8 □

$8+1=\square$

❹ +1: 1 2 □ 4

$2+1=\square$

❺ +1: 1 □ 3 4

$1+1=\square$

❻ +1: 5 6 7 □

$7+1=\square$

❼ +1: 3 4 □ 6

$4+1=\square$

035 바꾸어 더하기

◐ 덧셈식의 두 수를 바꾸어 더하시오.

6 + 1 = 7

1 + 6 = 7

❶

4 + 1 = □

1 + 4 = □

❷ 7 + 1 = □

1 + 7 = □

❸ 3 + 1 = □

1 + 3 = □

❹ 5 + 1 = □

1 + 5 = □

❺ 2 + 1 = □

1 + 2 = □

❻ 8 + 1 = □

1 + 8 = □

❼ 9 + 1 = □

1 + 9 = □

□ 안에 알맞은 수를 써넣으시오.

$6+1=\boxed{7}$
$1+6=\boxed{7}$

❶ $8+1=\square$
$1+8=\square$

❷ $5+1=\square$
$1+5=\square$

❸ $2+1=\square$
$1+2=\square$

❹ $7+1=\square$
$1+7=\square$

❺ $4+1=\square$
$1+4=\square$

$\begin{array}{r} 3 \\ +\ 1 \\ \hline \boxed{4} \end{array}$ $\begin{array}{r} 1 \\ +\ 3 \\ \hline \boxed{4} \end{array}$

❻ $\begin{array}{r} 5 \\ +\ 1 \\ \hline \square \end{array}$ $\begin{array}{r} 1 \\ +\ 5 \\ \hline \square \end{array}$

❼ $\begin{array}{r} 8 \\ +\ 1 \\ \hline \square \end{array}$ $\begin{array}{r} 1 \\ +\ 8 \\ \hline \square \end{array}$

❽ $\begin{array}{r} 7 \\ +\ 1 \\ \hline \square \end{array}$ $\begin{array}{r} 1 \\ +\ 7 \\ \hline \square \end{array}$

❾ $\begin{array}{r} 4 \\ +\ 1 \\ \hline \square \end{array}$ $\begin{array}{r} 1 \\ +\ 4 \\ \hline \square \end{array}$

❿ $\begin{array}{r} 9 \\ +\ 1 \\ \hline \square \end{array}$ $\begin{array}{r} 1 \\ +\ 9 \\ \hline \square \end{array}$

036 상하셈

◐ 선으로 이어진 두 수를 더하여 ○ 안에 써넣으시오.

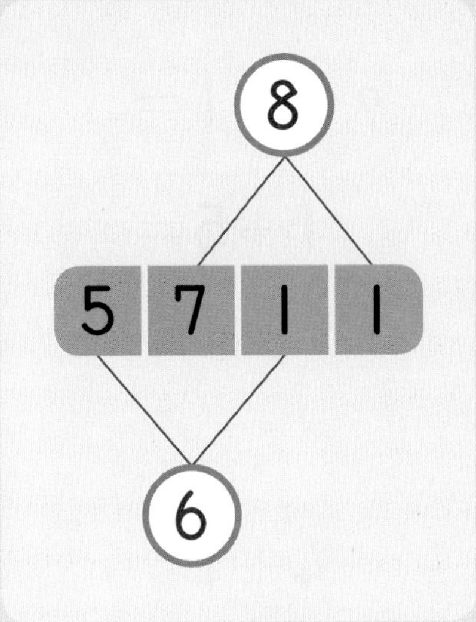

❶
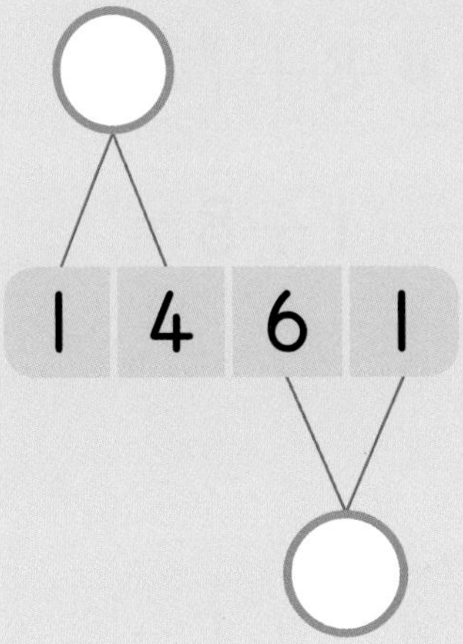

❷
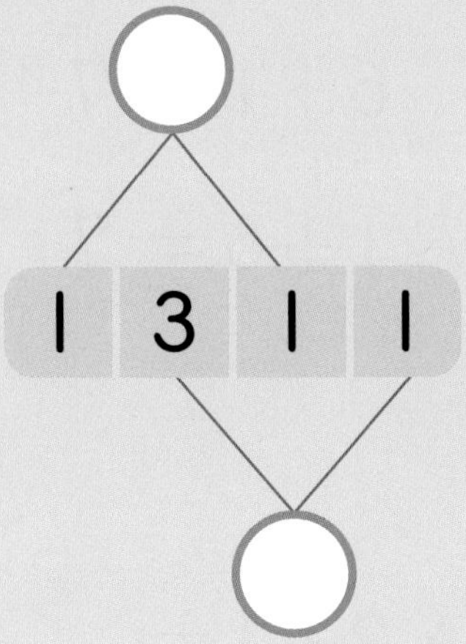

❸
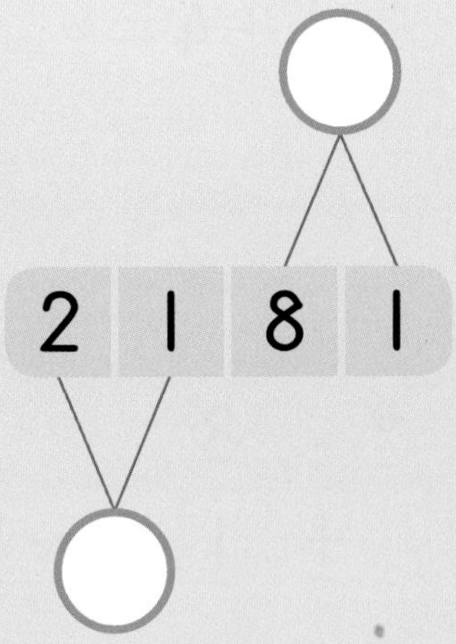

❹
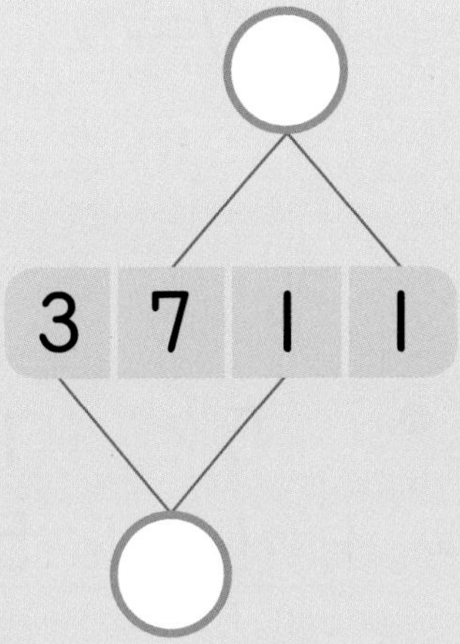

❺
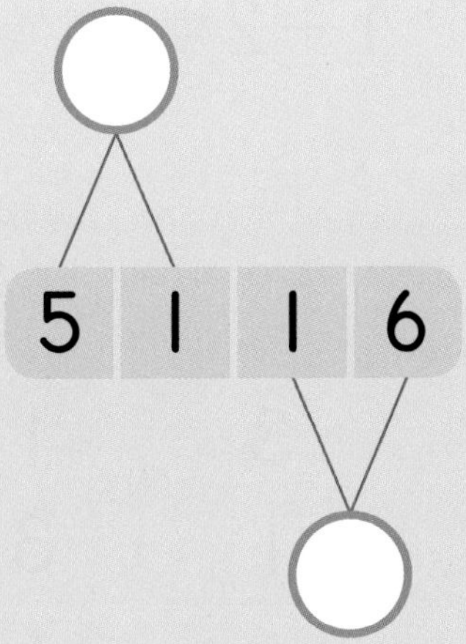

❻

❼
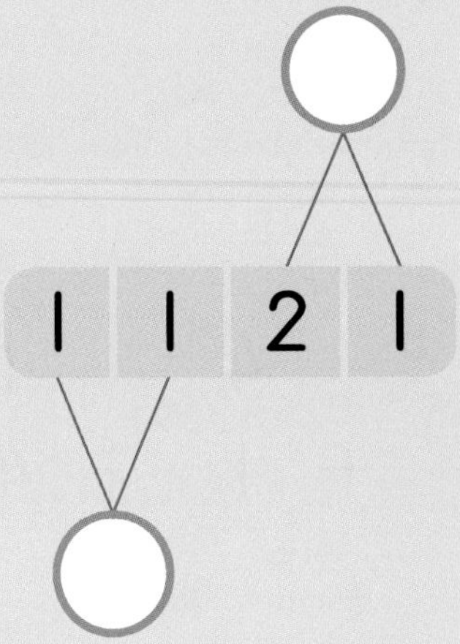

❽
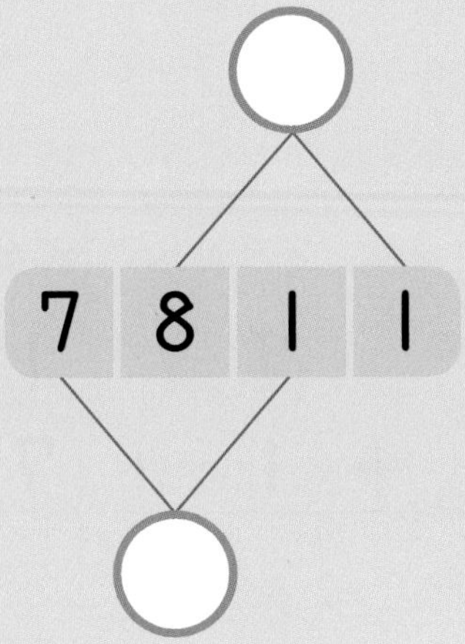

⊕ 두 수를 더한 합이 ● 안의 수가 되도록 선을 이으시오.

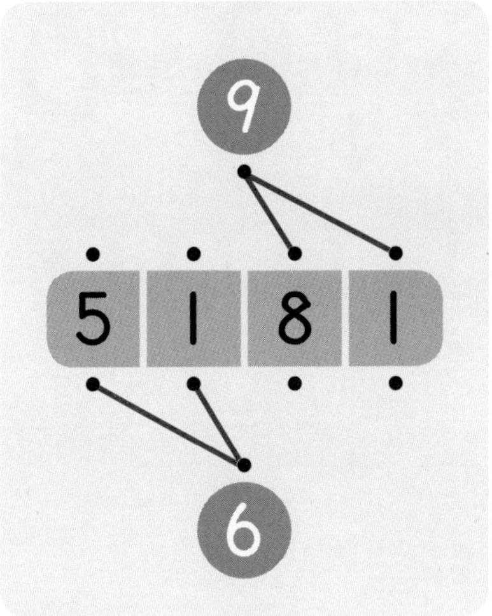

❶

4

1	3	5	1

6

❷

7

2	6	1	1

3

❸

2

1	1	1	4

5

❹

3

1	2	1	5

6

❺

8

3	1	1	7

4

❻

9

8	6	1	1

7

❼

5

1	7	4	1

8

❽

10

1	9	3	1

4

잘 공부했는지 알아봅시다

월 일

1 그림을 보고 덧셈을 하시오.

❶

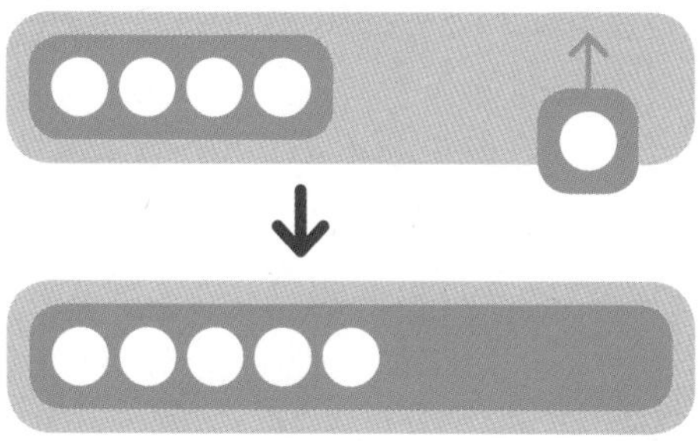

4 + □ = □

❷

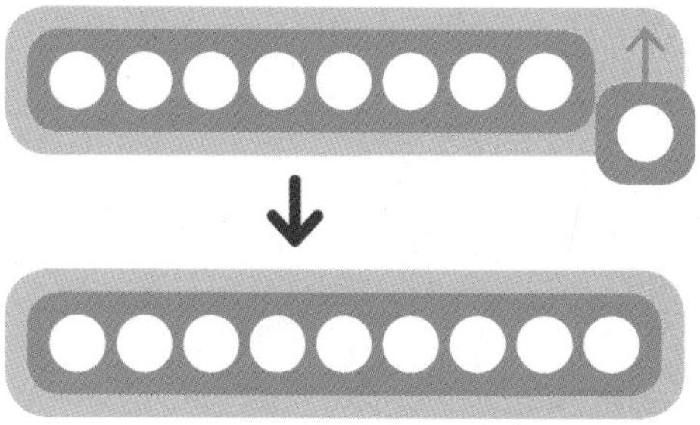

□ + □ = □

2 수직선을 보고 □ 안에 알맞은 수를 써넣으시오.

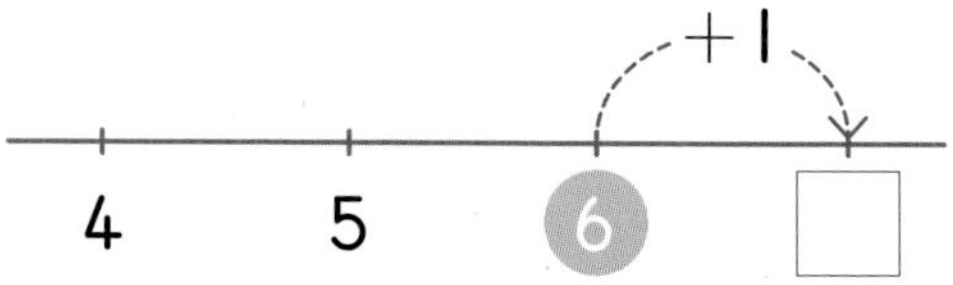

□ + □ = □

3 그림을 보고 □ 안에 알맞은 수를 써넣으시오.

3 + 5 = □

5 + 3 = □

4 합이 ● 안의 수가 되는 두 수에 ○표 하시오.

❶ (6) 5, 4, 1

❷ (9) 8, 1, 7

2 더하기 1과 2

037 더하기 2

◐ 그림을 보고 덧셈식을 완성하시오.

6 + [2] = [8]

❶

4 + [ ] = [ ]

❷

3 + [ ] = [ ]

❸

5 + [ ] = [ ]

❹

1 + [ ] = [ ]

❺

7 + [ ] = [ ]

❻

2 + [ ] = [ ]

❼

8 + [ ] = [ ]

⊕ 더하는 수만큼 오른쪽 칸에 ○를 그리고, 덧셈을 하시오.

5 + 2 = 7

❶

□ + 2 = □

❷

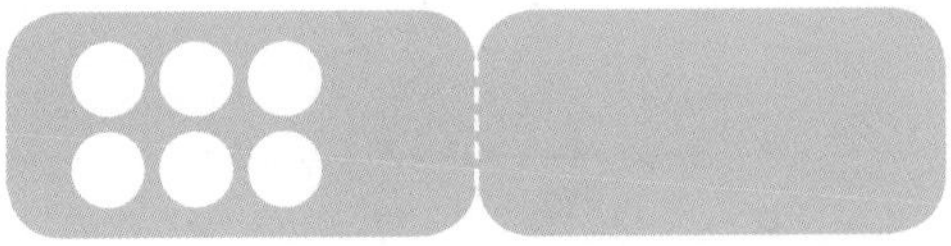

□ + 2 = □

❸

□ + 2 = □

❹

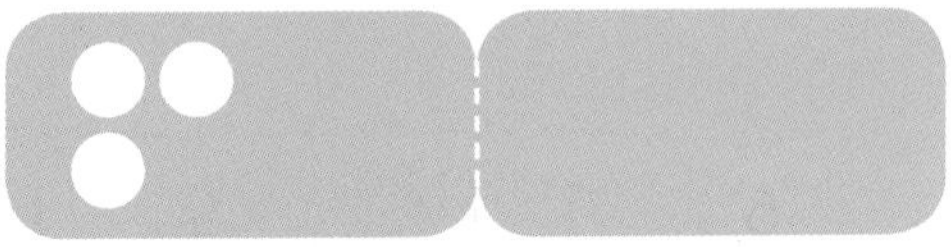

□ + 2 = □

❺

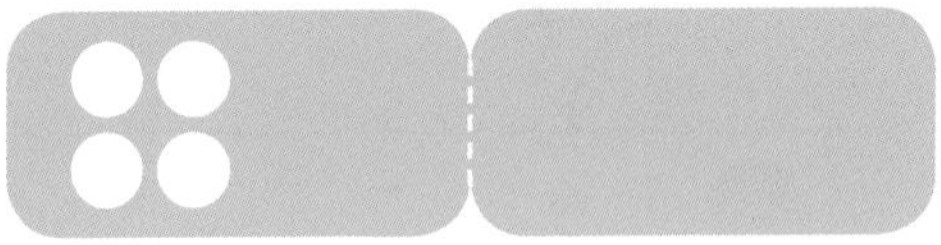

□ + 2 = □

❻

□ + 2 = □

❼

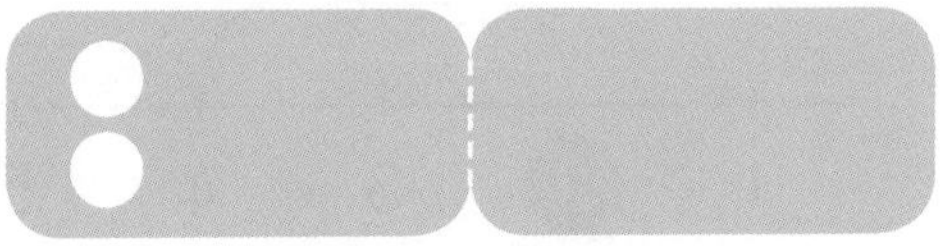

□ + 2 = □

038 앞으로 2칸

◐ 수직선에서 **2** 뛰어 센 수에 색칠하고 덧셈을 하시오.

+2

3 (4) 5 [6] 7

4+2= 6

❶ +2

(1) 2 3 4 5

1+2= ☐

❷ +2

5 6 (7) 8 9

7+2= ☐

❸ +2

5 (6) 7 8 9

6+2= ☐

❹ +2

(5) 6 7 8 9

5+2= ☐

❺ +2

6 7 (8) 9 10

8+2= ☐

❻ +2

1 (2) 3 4 5

2+2= ☐

❼ +2

(3) 4 5 6 7

3+2= ☐

수직선을 보고 빈칸에 알맞은 수를 써넣으시오.

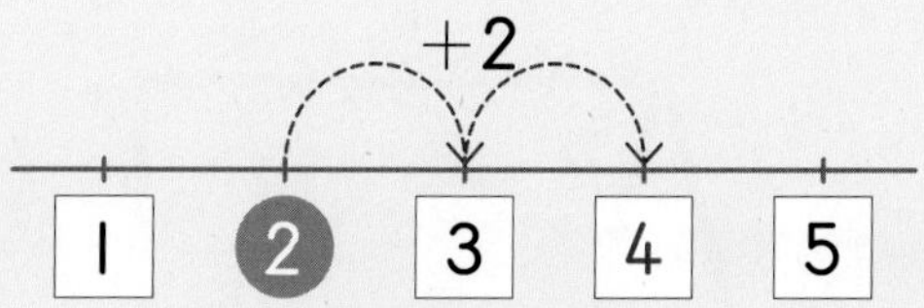

2+2= 4

❶

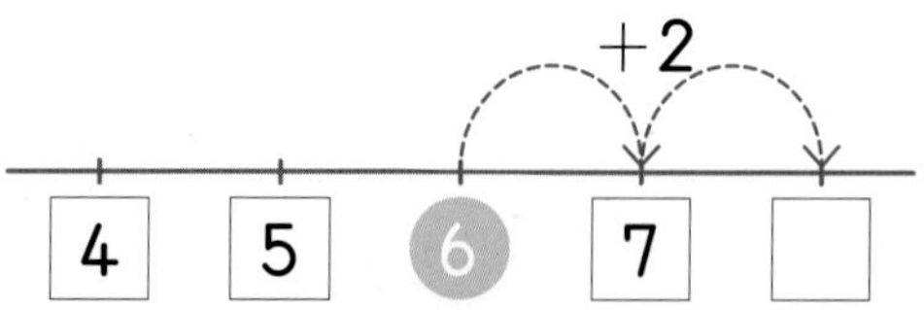

6+2= □

❷

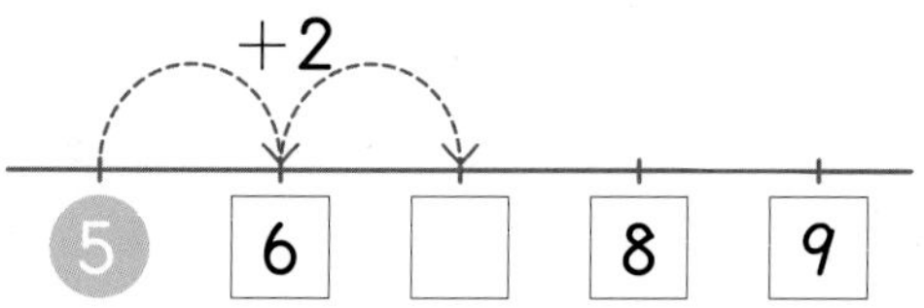

5+2= □

❸

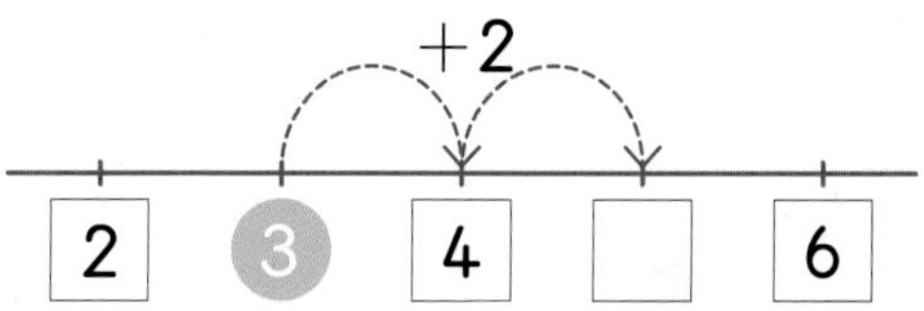

3+2= □

❹

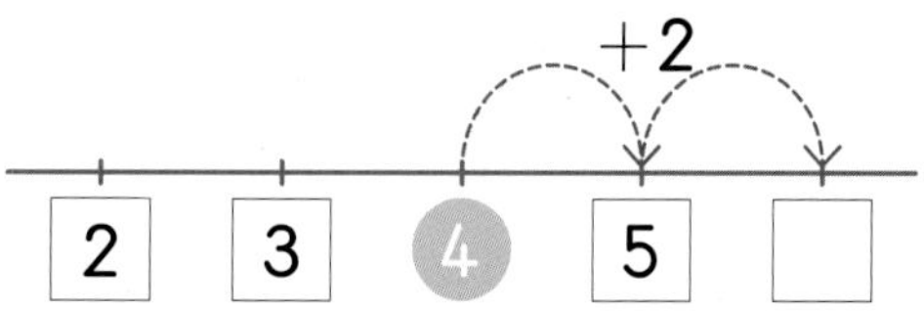

4+2= □

❺

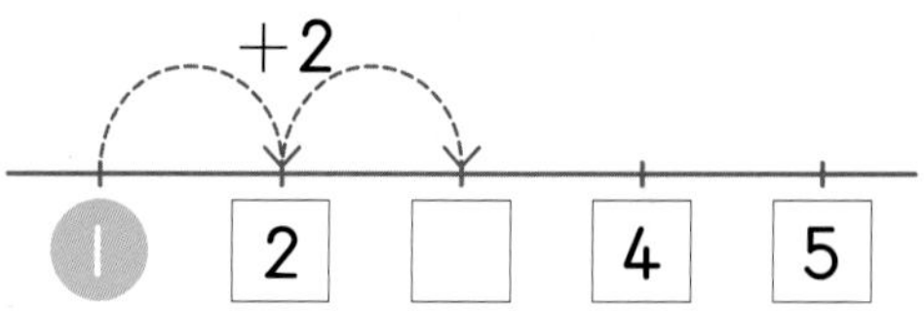

1+2= □

❻

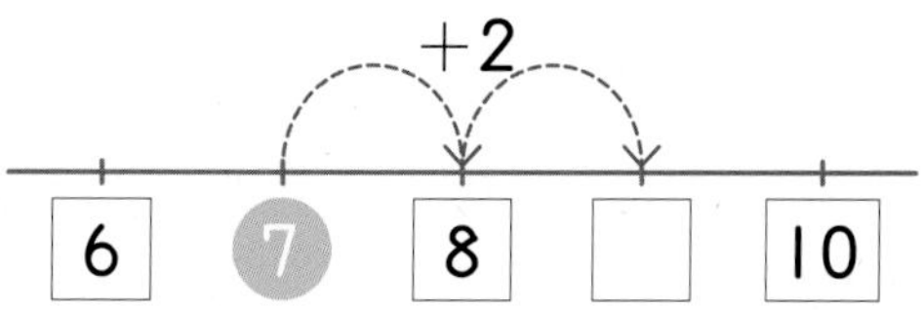

7+2= □

❼

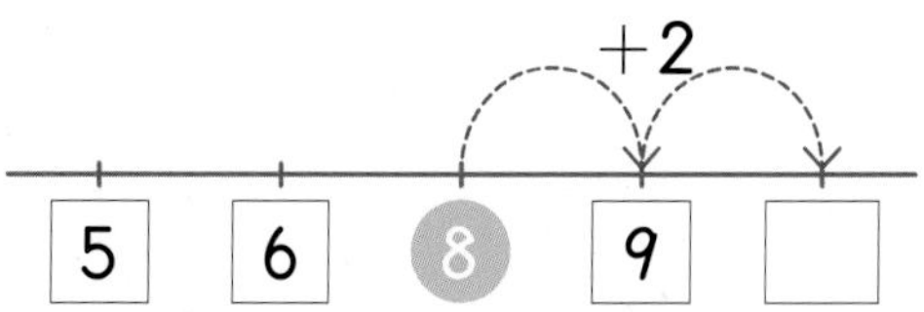

8+2= □

039 모빌셈

◐ 모빌이 평형을 이룹니다. 빈칸에 알맞은 수를 써넣으시오.

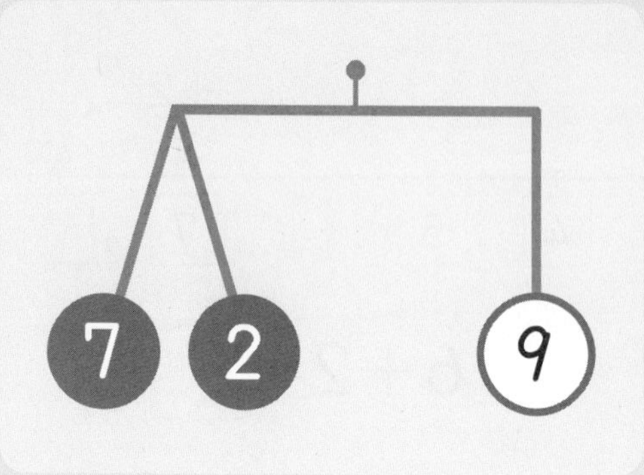

❶

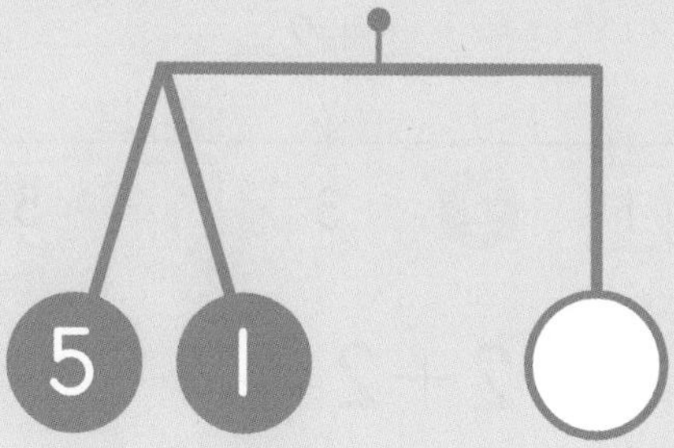

❷

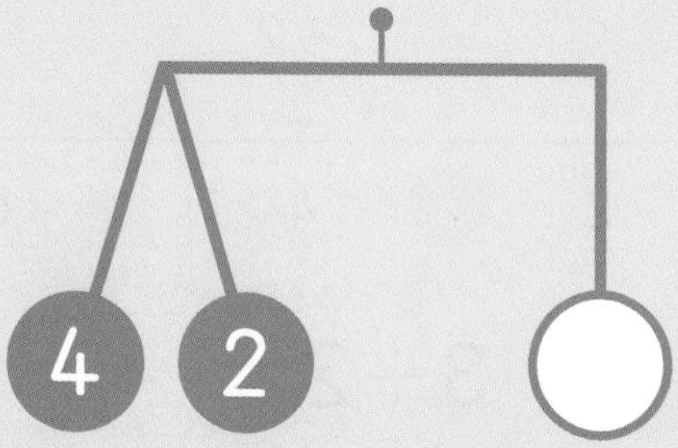

❸

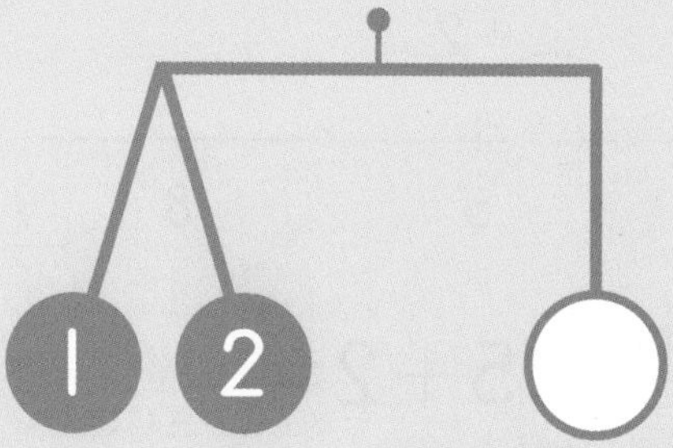

❹

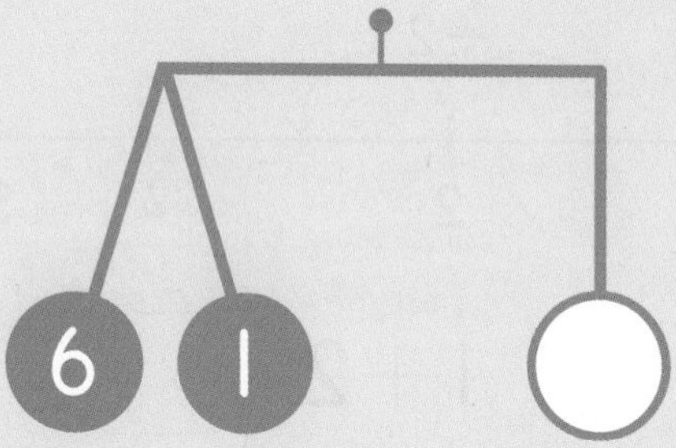

❺

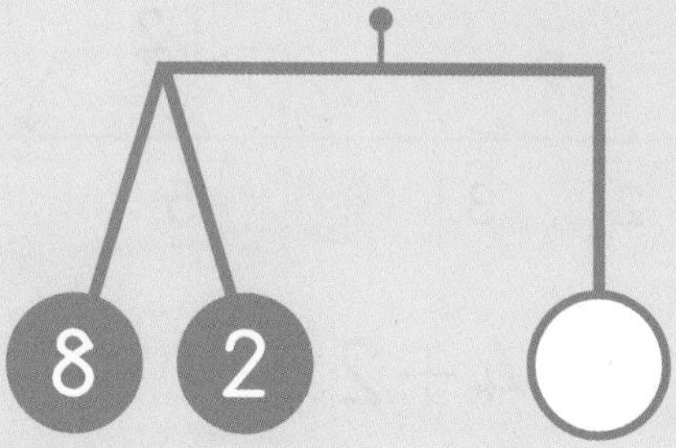

❻

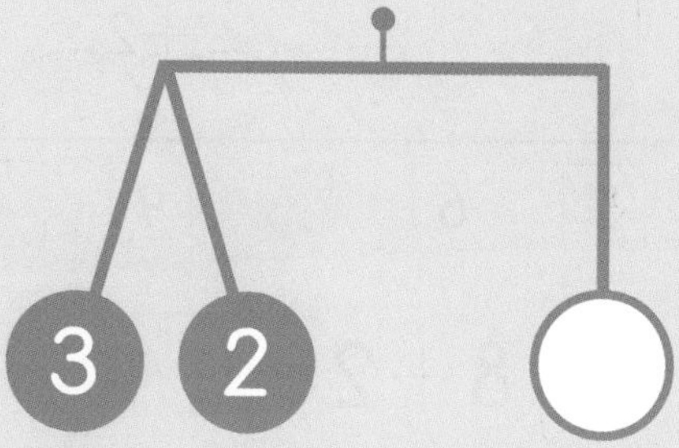

❼

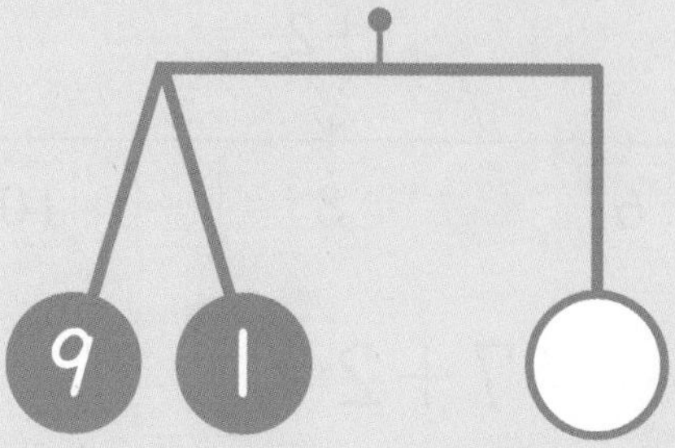

⊕ 모빌이 평형을 이룹니다. 빈칸에 **1** 또는 **2**를 써넣으시오.

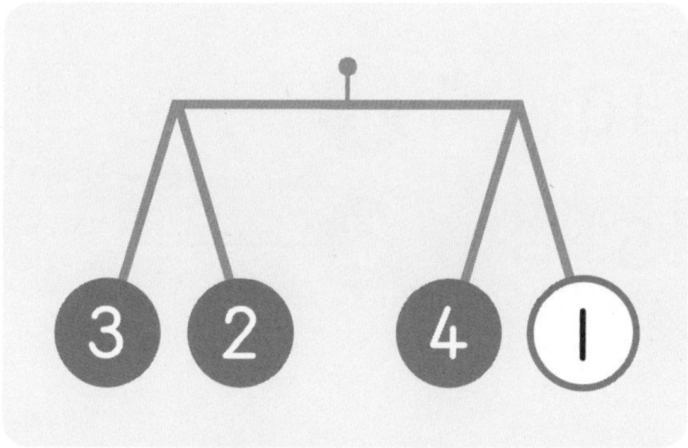

❶

❷

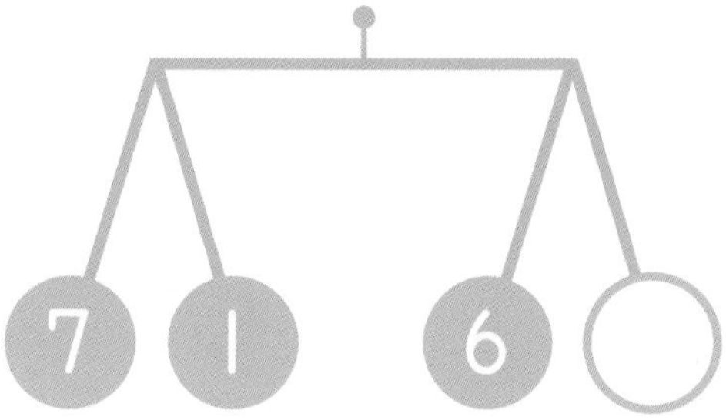

❸

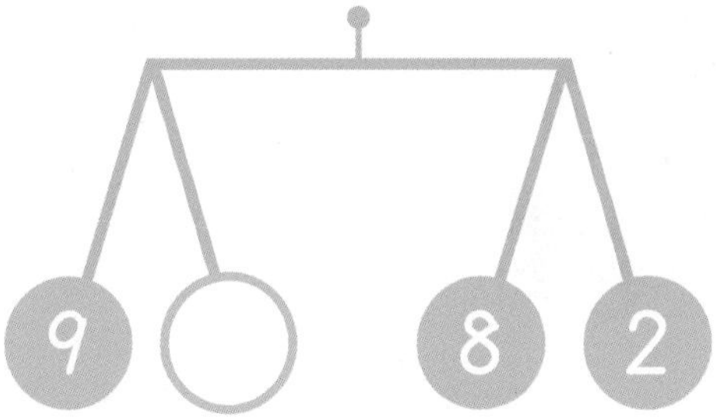

❹

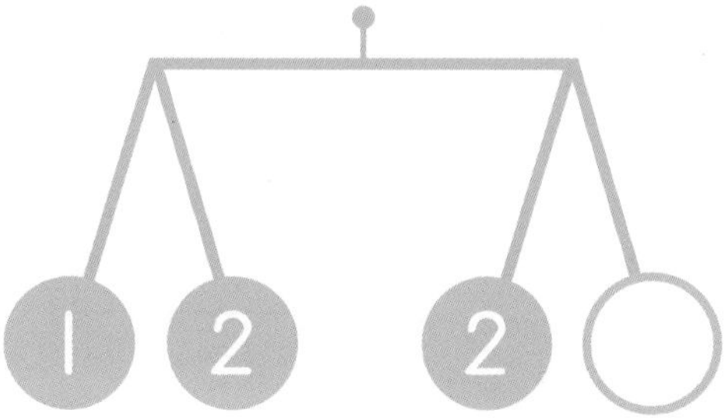

❺

❻

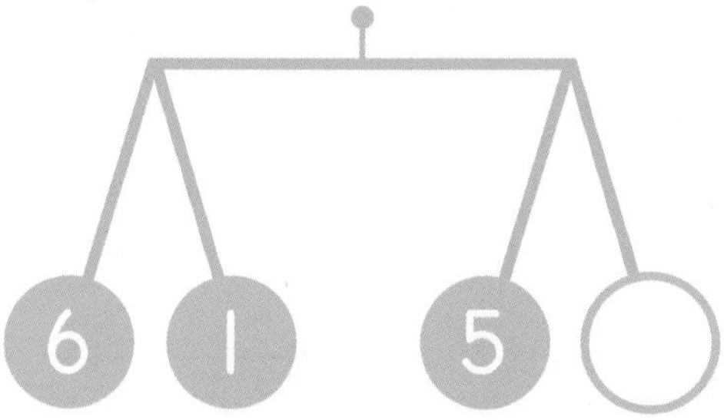

❼

040 화살표 약속

◐ 화살표 약속에 맞게 빈칸에 알맞은 수를 써넣으시오.

약속

→ +1

↠ +2

9 → 10

3 ↠ 5

❶ 4 ↠ □

7 → □

❷ 2 → □

5 ↠ □

❸ 6 ↠ □

1 → □

❹ 8 → □

2 ↠ □

❺ 7 ↠ □

3 → □

❻ 5 → □

8 ↠ □

❼ 3 ↠ □

6 → □

❽ 4 → □

1 ↠ □

❾ 3 ↠ □

2 → □

❿ 9 → □

4 ↠ □

화살표 약속에 맞게 > 또는 >>를 그리시오.

7 → 8

6 ↠ 8

❶ 3 —— 5
2 —— 3

❷ 7 —— 8
8 —— 9

❸ 9 —— 10
4 —— 6

❹ 5 —— 7
1 —— 3

❺ 4 —— 6
3 —— 4

❻ 8 —— 10
5 —— 6

❼ 4 —— 5
7 —— 9

❽ 2 —— 4
1 —— 2

❾ 6 —— 7
7 —— 8

❿ 2 —— 4
8 —— 9

⓫ 5 —— 7
4 —— 6

잘 공부했는지 알아봅시다

월 일

1 도미노를 보고 덧셈을 하시오.

❶ 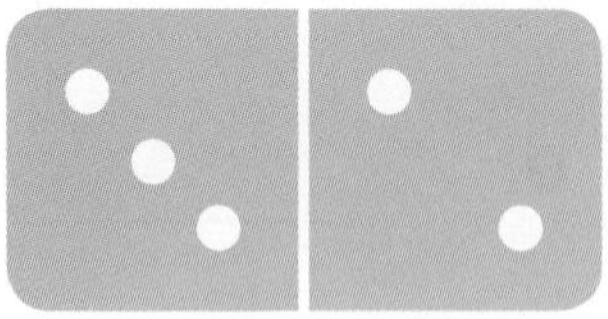

$3+2=\square$

❷ 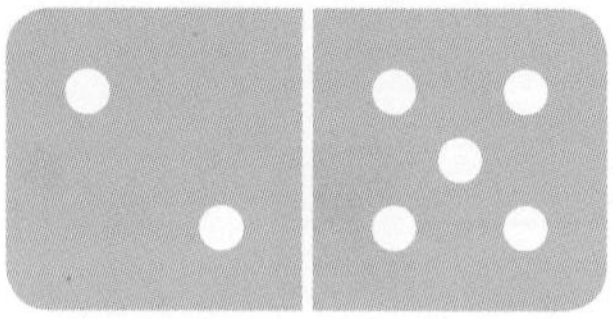

$\square+\square=\square$

2 모빌이 평형을 이룹니다. 빈칸에 **1** 또는 **2**를 써넣으시오.

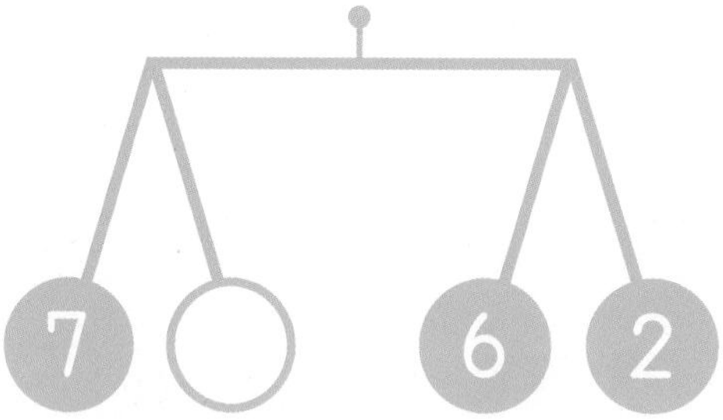

3 약속에 맞게 빈칸에 알맞은 수를 써넣으시오.

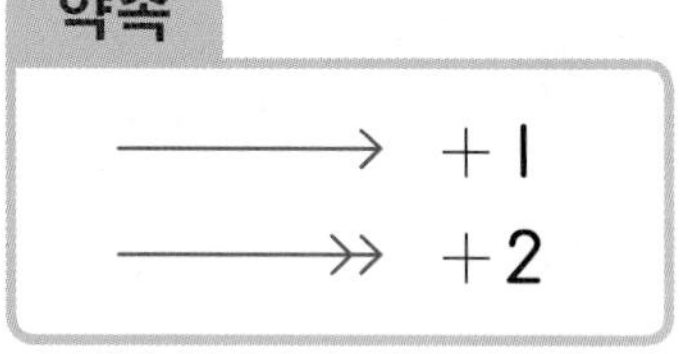

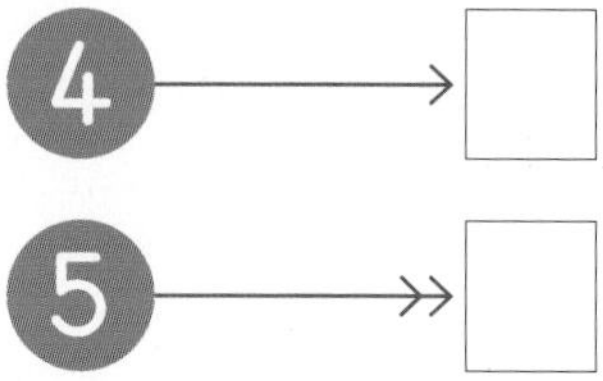

3

□가 있는 더하기

041 네모셈

◐ □ 안에 들어갈 수만큼 ○표 하고, 알맞은 수를 써넣으시오.

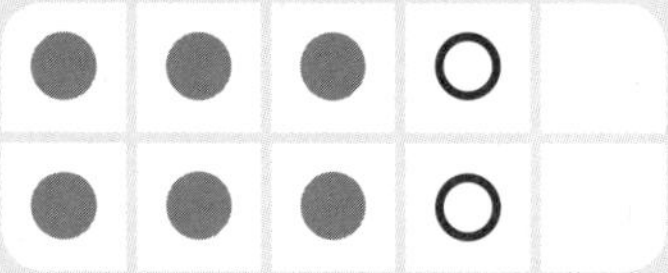

$6+\boxed{2}=8$

❶ 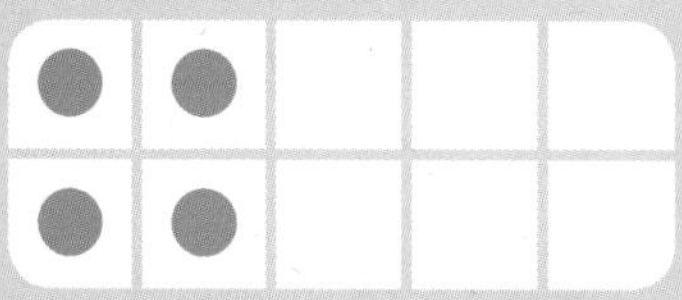

$4+\square=5$

❷ 

$3+\square=4$

❸ 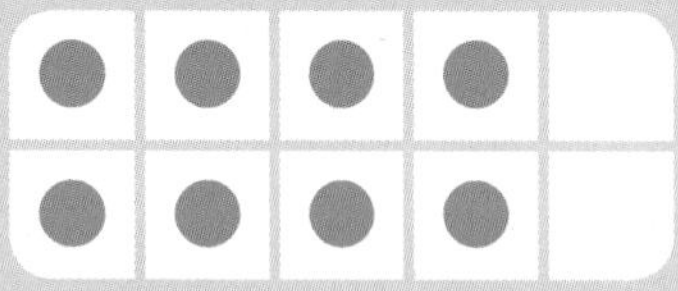

$8+\square=10$

❹ 

$1+\square=3$

❺ 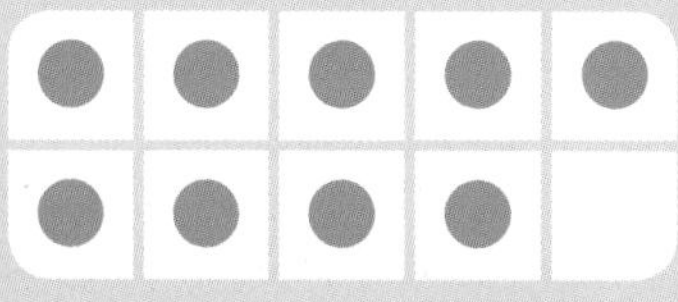

$9+\square=10$

❻ 

$2+\square=4$

❼ 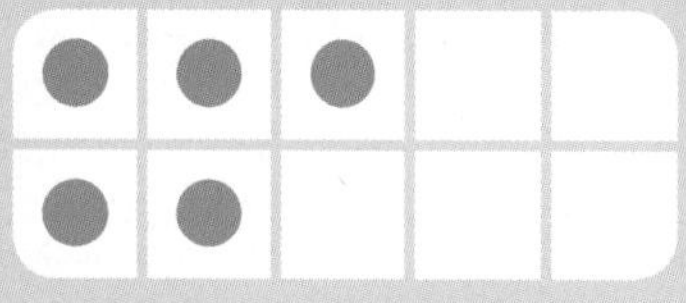

$5+\square=6$

❽ 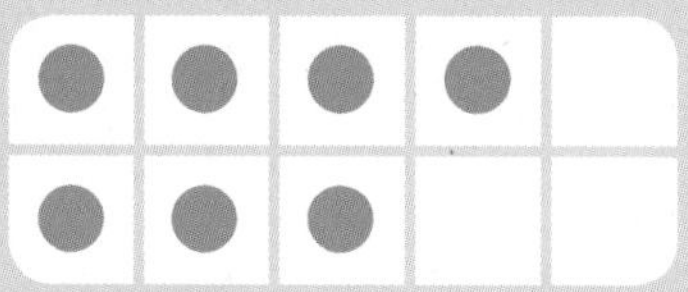

$7+\square=9$

❾ 

$8+\square=9$

❿ 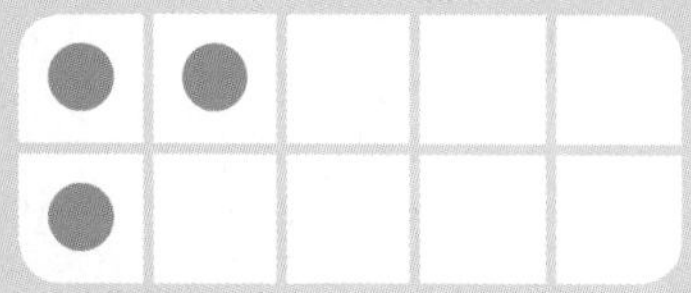

$3+\square=5$

⓫ 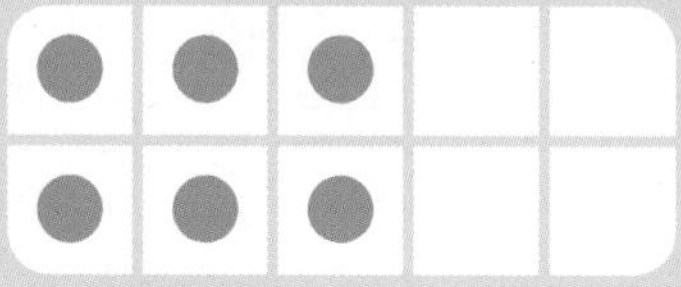

$6+\square=7$

□ 안에 들어가는 수에 ○표 하고, 알맞은 수를 써넣으시오.

$5+\boxed{1}=6$

(1) 2

❶ $1+\square=3$

1 2

❷ $7+\square=8$

1 2

❸ $2+\square=4$

1 2

❹ $9+\square=10$

1 2

❺ $6+\square=8$

1 2

$$\begin{array}{r} 3 \\ +\ \boxed{2} \\ \hline 5 \end{array}$$

1 (2)

❻
$$\begin{array}{r} 8 \\ +\ \square \\ \hline 10 \end{array}$$

1 2

❼
$$\begin{array}{r} 4 \\ +\ \square \\ \hline 5 \end{array}$$

1 2

❽
$$\begin{array}{r} 7 \\ +\ \square \\ \hline 9 \end{array}$$

1 2

❾
$$\begin{array}{r} 6 \\ +\ \square \\ \hline 7 \end{array}$$

1 2

❿
$$\begin{array}{r} 5 \\ +\ \square \\ \hline 7 \end{array}$$

1 2

042 비행접시

◐ 계산에 맞게 선을 그으시오.

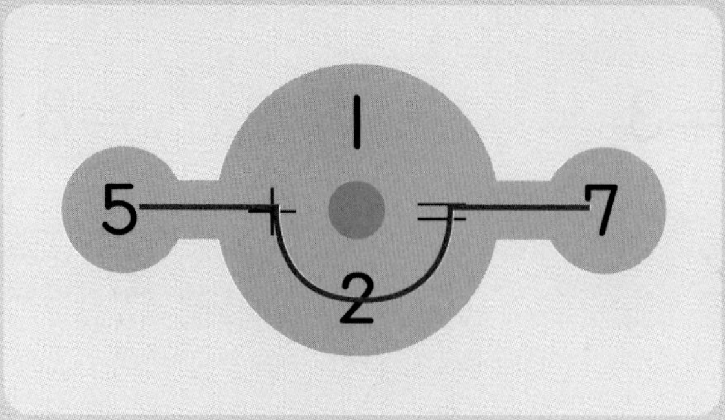

❶
1
3 + ● = 4
2

❷
1
2 + ● = 3
2

❸
1
7 + ● = 9
2

❹
1
8 + ● = 9
2

❺
1
6 + ● = 8
2

❻
1
4 + ● = 6
2

❼
1
9 + ● = 10
2

❽
1
1 + ● = 3
2

❾
1
5 + ● = 6
2

◆ ○ 안에 알맞은 수를 써넣으시오.

8 + 1 = 9

❶ 1 + ○ = 3

❷ 3 + ○ = 5

❸ 5 + ○ = 6

❹ 2 + ○ = 4

❺ 8 + ○ = 10

❻ 4 + ○ = 5

❼ 6 + ○ = 7

❽ 7 + ○ = 9

❾ 9 + ○ = 10

043 일이덧셈표

◐ 빈칸에 알맞은 수를 써넣으시오.

+	1	2
3	4	5
5	6	7
6	7	8

❶

+	2	1
1		
4		
8		

❷

+	1	2
2		
4		
7		

❸

+	2	1
3		
7		

❹

+	1	2
2		
6		

❺

+	2	1
8		
4		

❻

+	1	2
8		
6		
4		

❼

+	2	1
7		
5		
1		

❽

+	1	2
7		
4		
2		

⊕ 빈칸에 알맞은 수를 써넣으시오.

+	2	1
4	6	5
6	8	7
5	7	6

❶

+	1	2
8		
		6
1		

❷

+	2	1
7		
1		
	5	

❸

+	1	2
5		
		10

❹

+	2	1
	9	
6		

❺

+	1	2
3		
	7	

❻

+	2	1
8		
4		
	7	

❼

+	1	2
		7
3		
2		

❽

+	2	1
4		
		2
7		

044 하우스

◐ 빈칸에 알맞은 수를 써넣으시오.

+ 2	
2	4
4	6
5	7
8	10

❶

+ 1	
9	
1	
3	
6	

❷

+ 2	
7	
5	
6	
3	

❸

+ 1	
1	
4	
7	
2	

❹

+ 2	
6	
3	
8	
4	

❺

+ 1	
8	
6	
9	
5	

● 빈칸에 알맞은 수를 써넣으시오.

(예)

+	1
3	4
5	6
8	9
9	10

❶

+	
7	
2	
1	
4	6

❷

+	
6	
3	
7	8
2	

❸

+	
5	
6	8
7	
3	

❹

+	
1	
8	
5	6
4	

❺

+	
8	10
2	
3	
7	

잘 공부했는지 알아봅시다

월 일

1 □ 안에 들어가는 수만큼 ○표 하고 알맞은 수를 써넣으시오.

❶

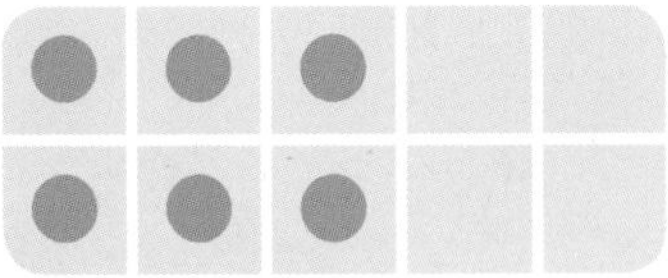

$6+\square=7$

❷

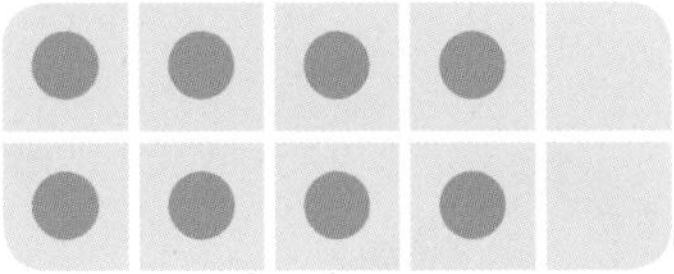

$8+\square=10$

2 계산에 맞게 선을 그으시오.

❶

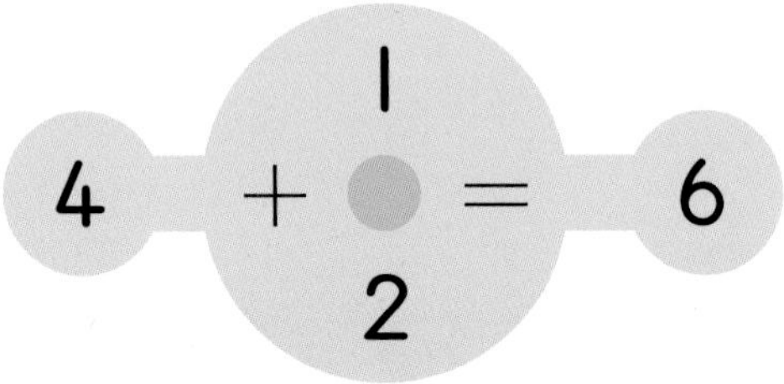

❷

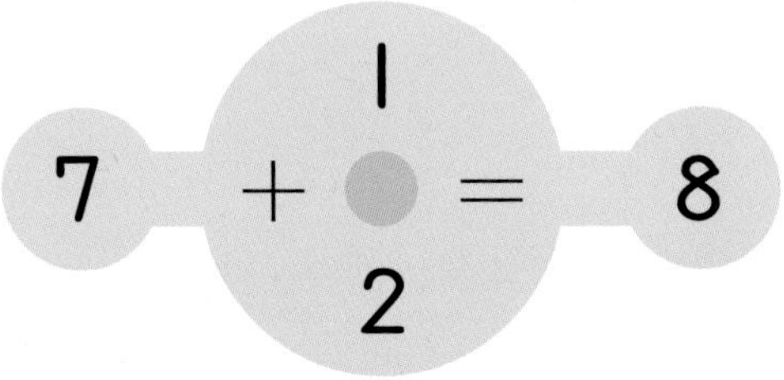

3 빈칸에 알맞은 수를 써넣으시오.

❶

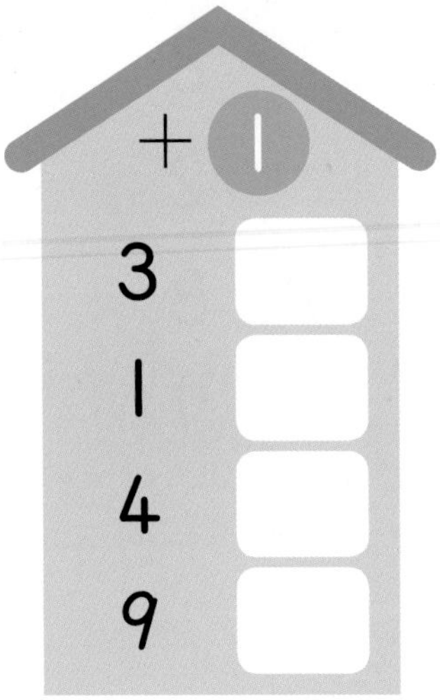

❷

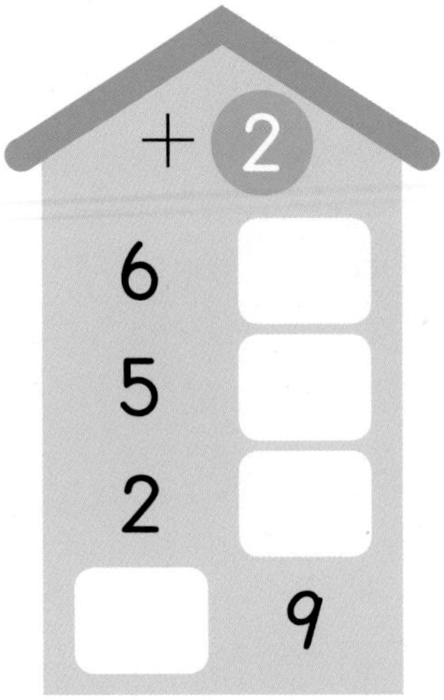

4 빼기 1

045 빼기 1

◐ 그림을 보고 뺄셈식을 완성하시오.

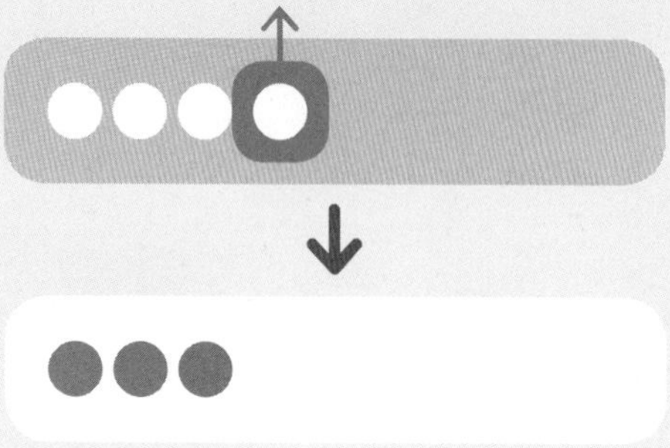

$4 - \boxed{1} = \boxed{3}$

❶

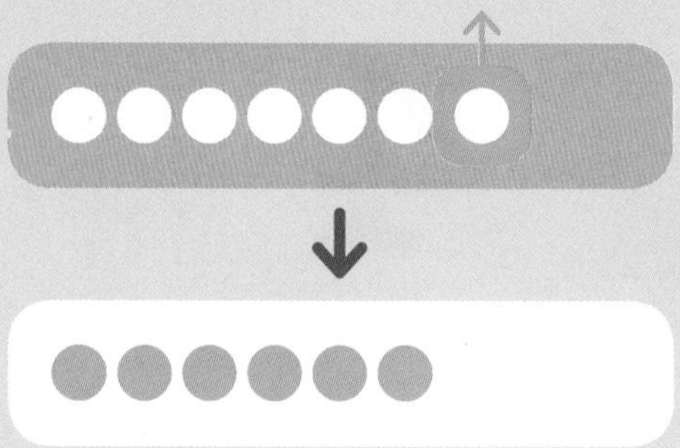

$7 - \boxed{} = \boxed{}$

❷

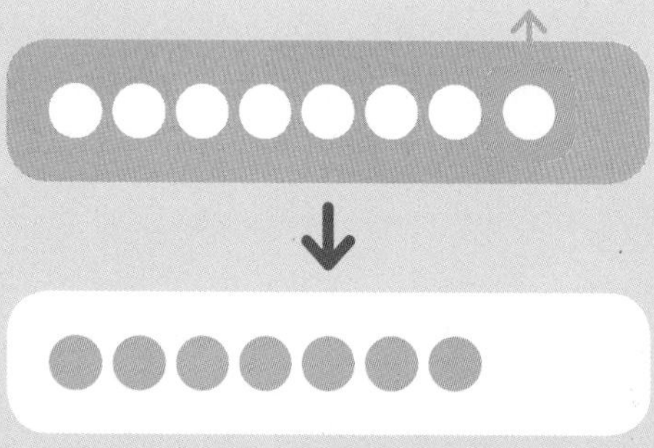

$8 - \boxed{} = \boxed{}$

❸

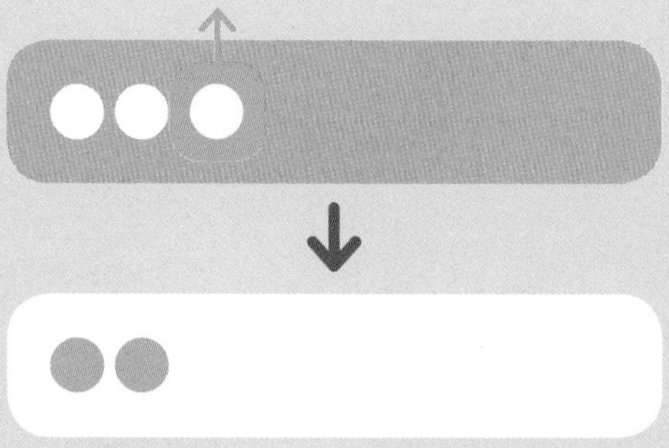

$3 - \boxed{} = \boxed{}$

❹

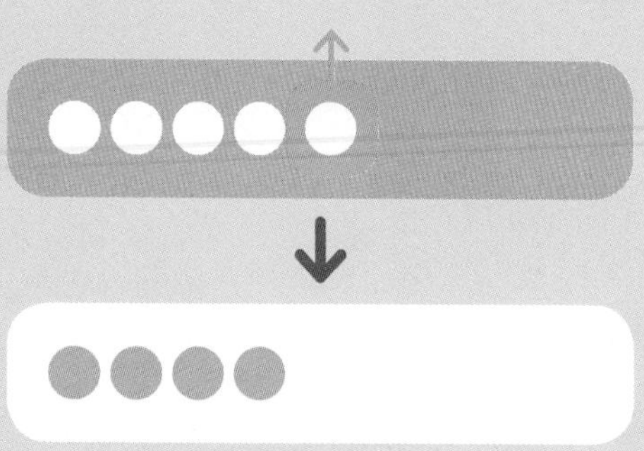

$5 - \boxed{} = \boxed{}$

❺

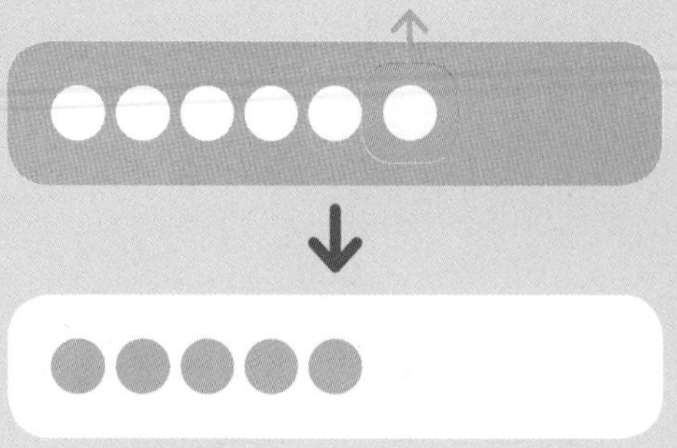

$6 - \boxed{} = \boxed{}$

월 일

◆ 빈칸에 ○를 그리고, 뺄셈식을 완성하시오.

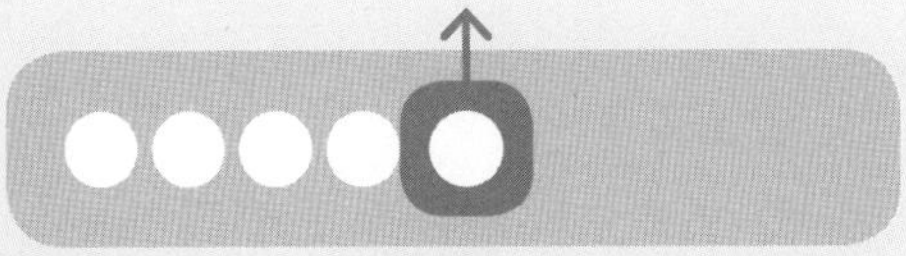

○○○○

5 − 1 = 4

❶

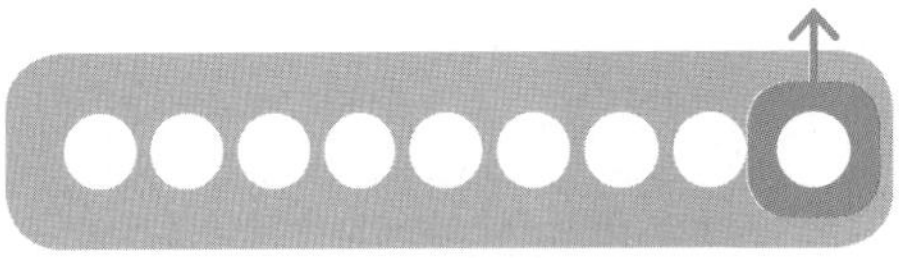

□ − □ = □

❷

□ − □ = □

❸

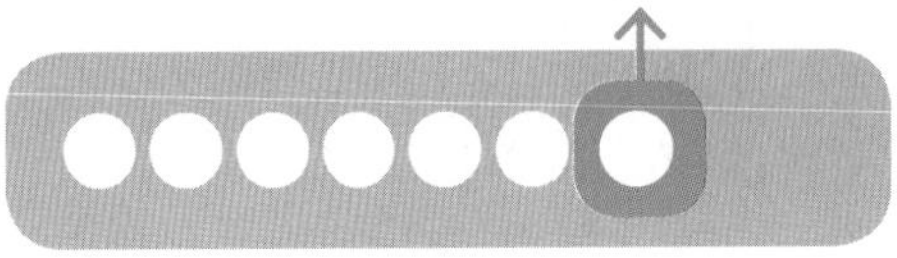

□ − □ = □

❹

□ − □ = □

❺

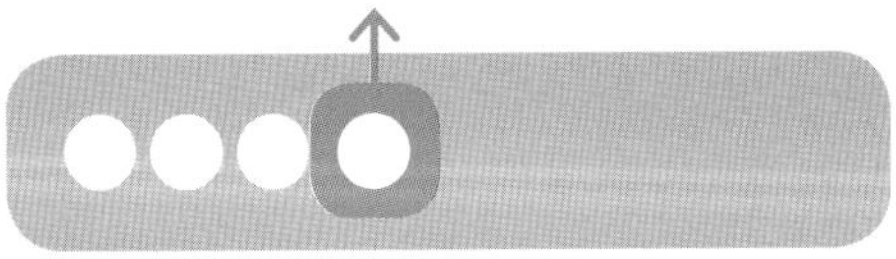

□ − □ = □

046 거꾸로 1칸

◐ 수직선에서 거꾸로 1칸 뛰어 센 수에 색칠하고 뺄셈을 하시오.

−1

3　4　5　6

$5-1=$ 4

❶

−1

5　6　7　8

$8-1=$ □

❷

−1

1　2　3　4

$3-1=$ □

❸

−1

1　2　3　4

$2-1=$ □

❹

−1

4　5　6　7

$7-1=$ □

❺

−1

2　3　4　5

$4-1=$ □

❻

−1

5　6　7　8

$6-1=$ □

❼

−1

7　8　9　10

$10-1=$ □

◆ 수직선을 보고 빈칸에 알맞은 수를 써넣으시오.

−1

4 [5] (6) 7

$6-1=$ [5]

❶

−1

7 8 [ ] (10)

$10-1=$ [ ]

❷

−1

[ ] (2) 3 4

$2-1=$ [ ]

❸

−1

4 5 [ ] (7)

$7-1=$ [ ]

❹

−1

6 [ ] (8) 9

$8-1=$ [ ]

❺

−1

[ ] (3) 4 5

$3-1=$ [ ]

❻

−1

2 3 [ ] (5)

$5-1=$ [ ]

❼

−1

7 [ ] (9) 10

$9-1=$ [ ]

계단셈

◐ 빼셈을 하여 빈칸에 알맞은 수를 써넣으시오.

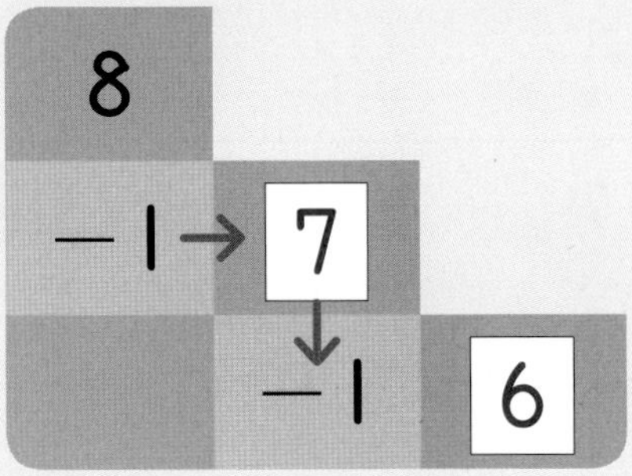

$8 \xrightarrow{-1} \boxed{7} \xrightarrow{-1} \boxed{6}$

❶

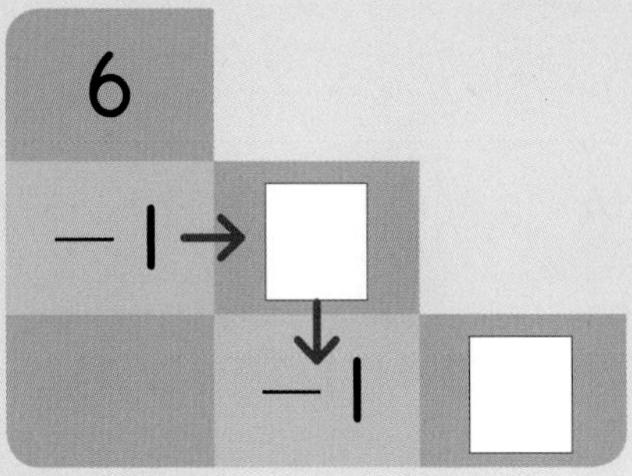

$6 \xrightarrow{-1} \boxed{} \xrightarrow{-1} \boxed{}$

❷

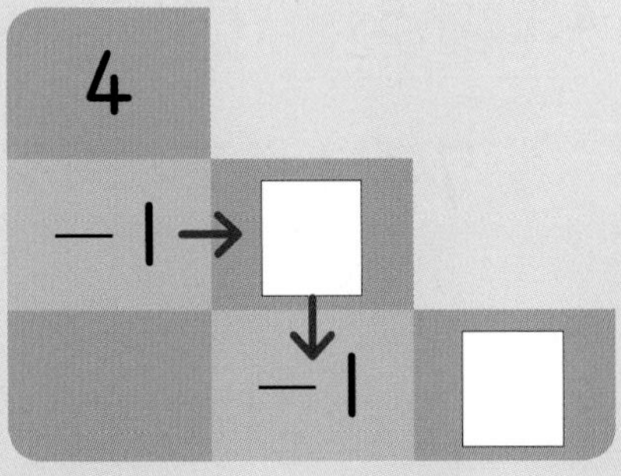

$4 \xrightarrow{-1} \boxed{} \xrightarrow{-1} \boxed{}$

❸

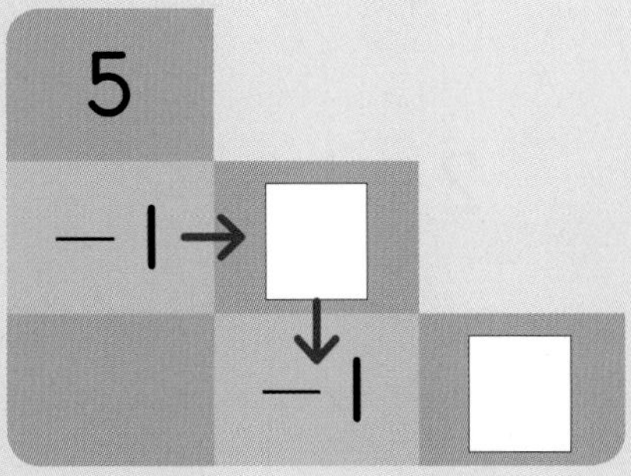

$5 \xrightarrow{-1} \boxed{} \xrightarrow{-1} \boxed{}$

❹

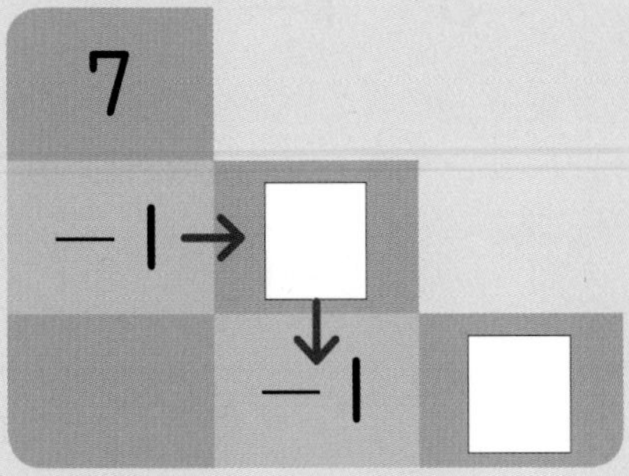

$7 \xrightarrow{-1} \boxed{} \xrightarrow{-1} \boxed{}$

❺

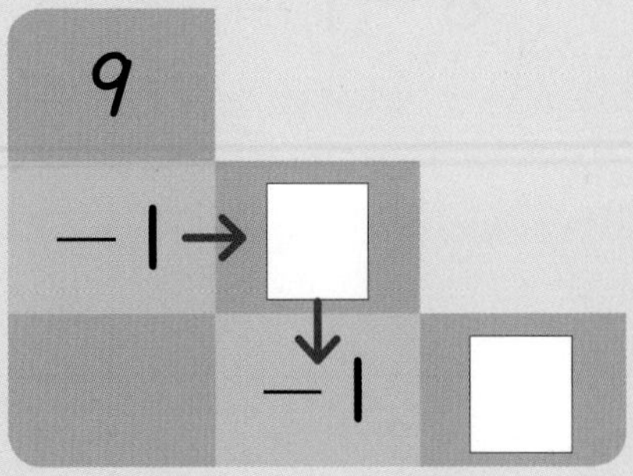

$9 \xrightarrow{-1} \boxed{} \xrightarrow{-1} \boxed{}$

⊕ 빈칸에 알맞은 수를 써넣으시오.

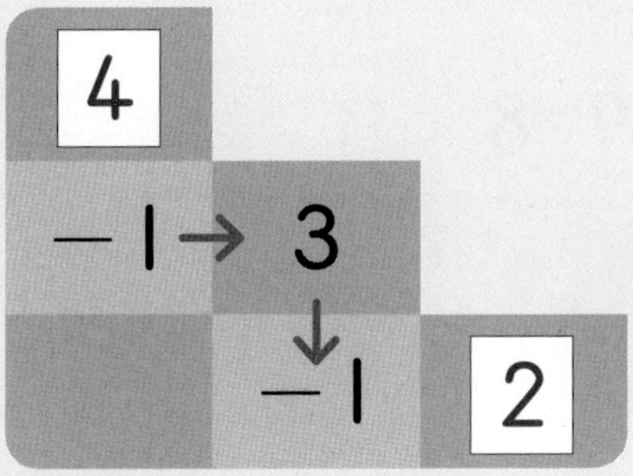

4 $\xrightarrow{-1}$ 3 $\xrightarrow{-1}$ 2

❶

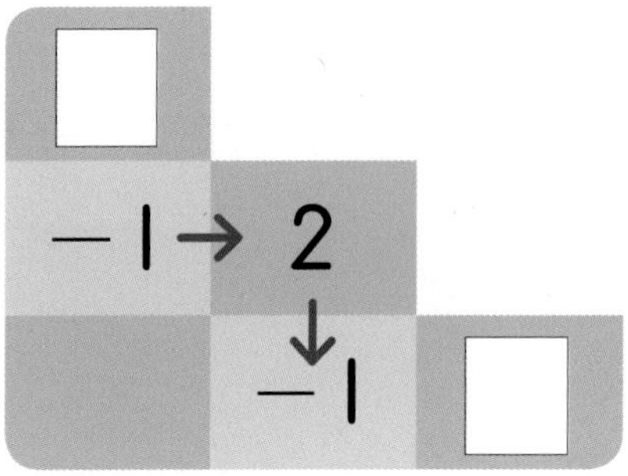

□ $\xrightarrow{-1}$ 2 $\xrightarrow{-1}$ □

❷

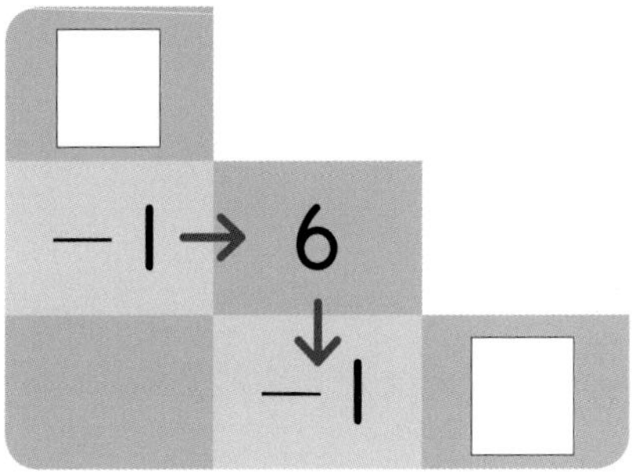

□ $\xrightarrow{-1}$ 6 $\xrightarrow{-1}$ □

❸

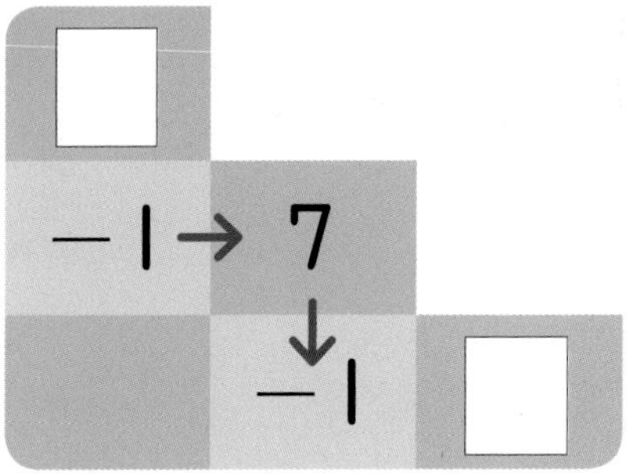

□ $\xrightarrow{-1}$ 7 $\xrightarrow{-1}$ □

❹

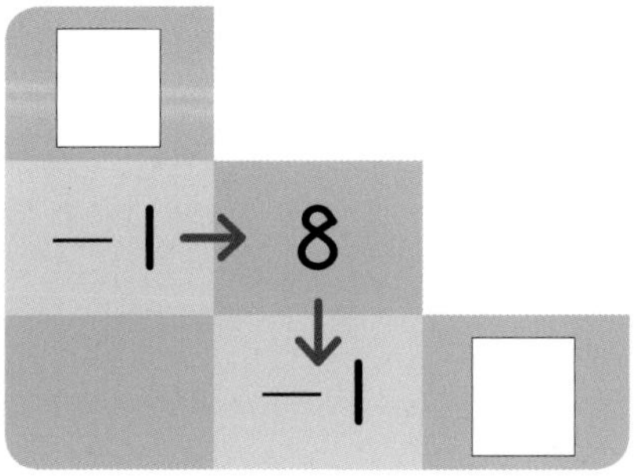

□ $\xrightarrow{-1}$ 8 $\xrightarrow{-1}$ □

❺

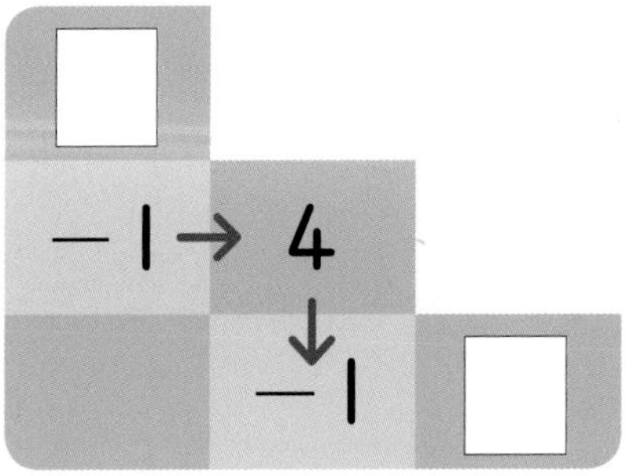

□ $\xrightarrow{-1}$ 4 $\xrightarrow{-1}$ □

048 도형 안 수

◐ 도형 안의 두 수를 □ 안에 넣어 빼셈식을 완성하시오.

6 7 [7] − 1 = [6]

❶ 9 8 □ − 1 = □

❷ 3 4 □ − 1 = □

❸ 6 5 □ − 1 = □

❹ 2 1 □ − 1 = □

❺ 7 8 □ − 1 = □

❻ 5 4 □ − 1 = □

❼ 3 2 □ − 1 = □

❽ 7 6 □ − 1 = □

❾ 5 6 □ − 1 = □

❿ 8 9 □ − 1 = □

⓫ 4 5 □ − 1 = □

◆ 도형 안의 세 수 중 두 수를 □ 안에 넣어 뺄셈식을 완성하시오.

3 / 5 2　　3 − 1 = 2

❶ 7 / 4 5　　□ − 1 = □

❷ 4 / 3 6　　□ − 1 = □

❸ 6 / 2 1　　□ − 1 = □

❹ 9 / 6 8　　□ − 1 = □

❺ 5 / 3 6　　□ − 1 = □

❻ 6 / 2 3　　□ − 1 = □

❼ 7 / 6 9　　□ − 1 = □

❽ 3 / 4 8　　□ − 1 = □

❾ 8 / 5 7　　□ − 1 = □

잘 공부했는지 알아봅시다

월 일

1 그림을 보고 뺄셈식을 완성하시오.

❶

7 − □ = □

❷

□ − 1 = □

2 뺄셈을 하여 빈칸에 알맞은 수를 써넣으시오.

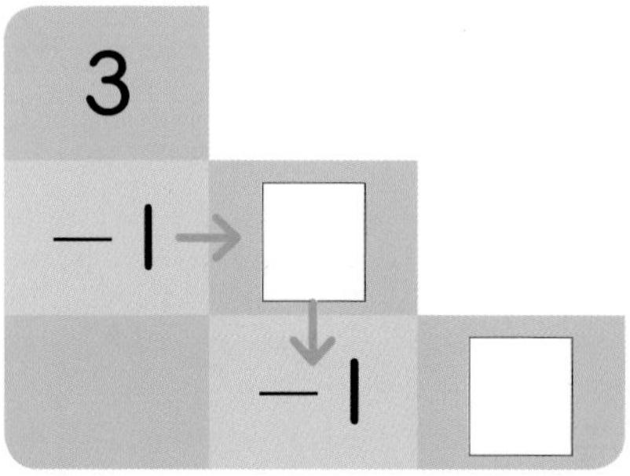

3 $\xrightarrow{-1}$ □ $\xrightarrow{-1}$ □

3 ▲ 안의 세 수 중 두 수를 사용하여 뺄셈식을 완성하시오.

❶

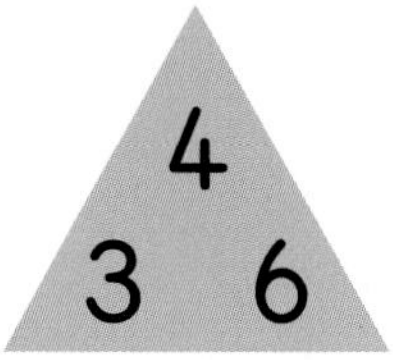

□ − 1 = □

❷

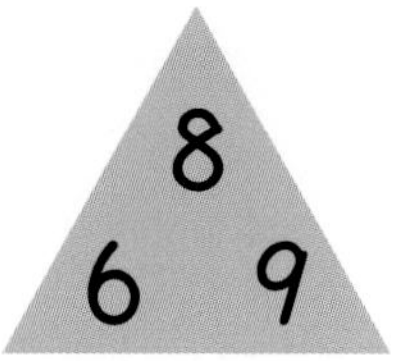

□ − 1 = □

5 빼기 1과 2

049 빼기 2

◐ 그림을 보고 □ 안에 알맞은 수를 써넣으시오.

7 − 2 = 5

❶

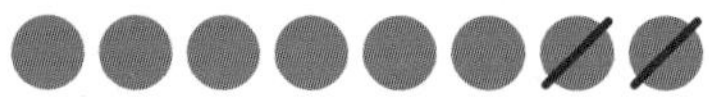

8 − □ = □

❷

9 − □ = □

❸

5 − □ = □

❹

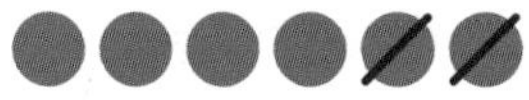

6 − □ = □

❺

4 − □ = □

❻

3 − □ = □

❼

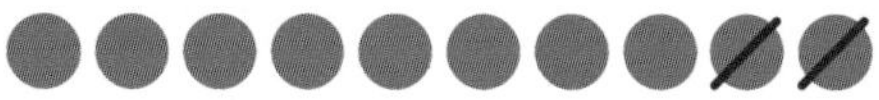

10 − □ = □

❽

5 − □ = □

❾

7 − □ = □

빼는 수만큼 /로 지우고, □ 안에 알맞은 수를 써넣으시오.

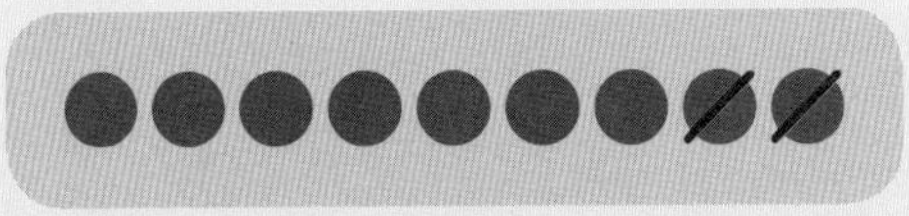

9 − 2 = 7

❶

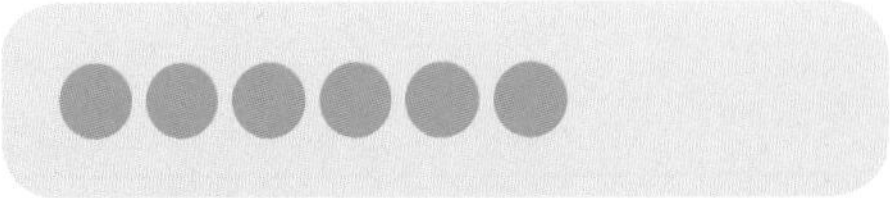

□ − 2 = □

❷

□ − 2 = □

❸

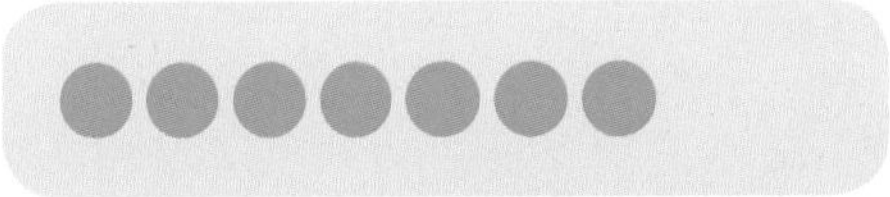

□ − 2 = □

❹

□ − 2 = □

❺

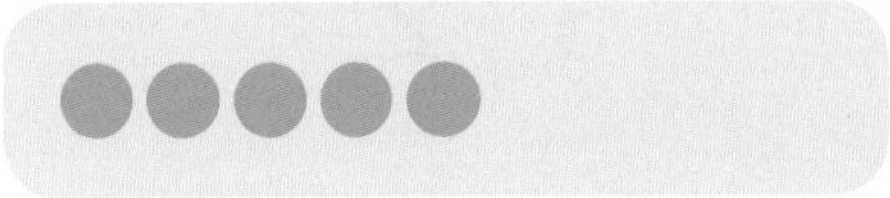

□ − 2 = □

❻

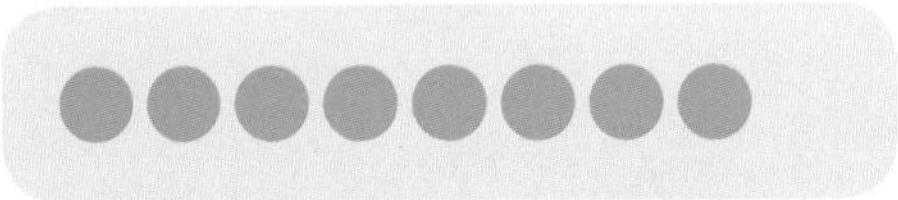

□ − 2 = □

❼

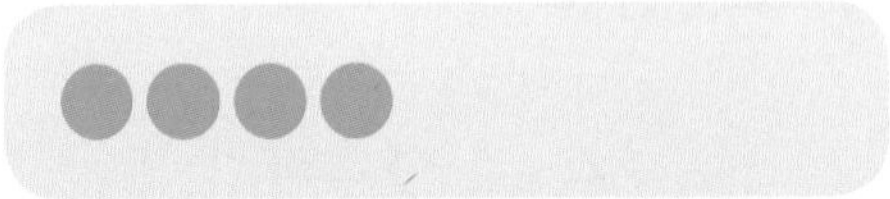

□ − 2 = □

❽

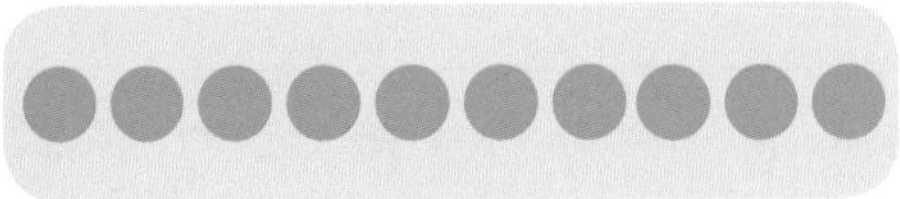

□ − 2 = □

❾

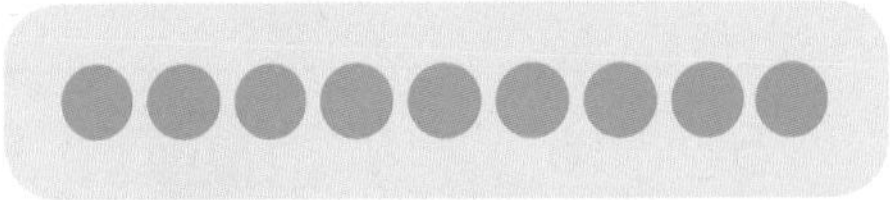

□ − 2 = □

050 거꾸로 2칸

◐ 수직선에서 거꾸로 2 뛰어 센 수에 색칠하고 뺄셈을 하시오.

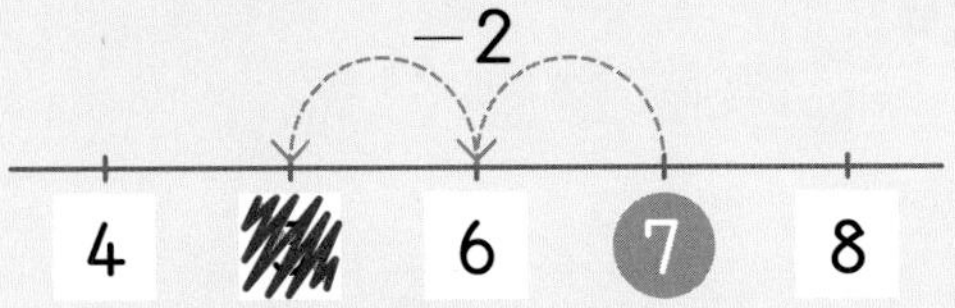

$7-2=$ 5

❶

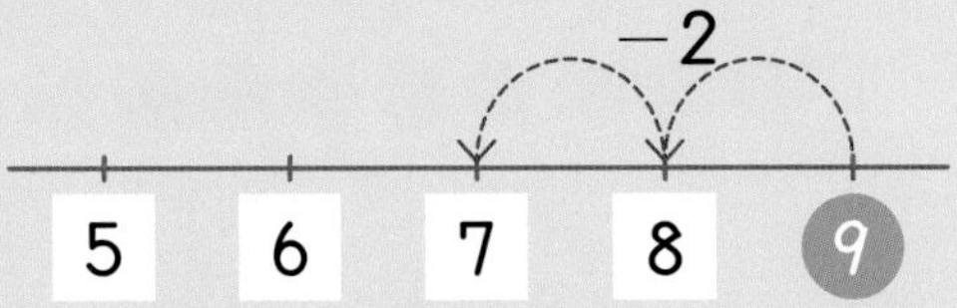

$9-2=$ ☐

❷

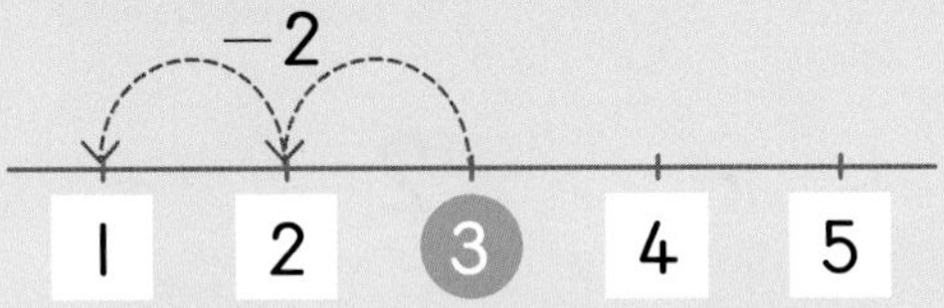

$3-2=$ ☐

❸

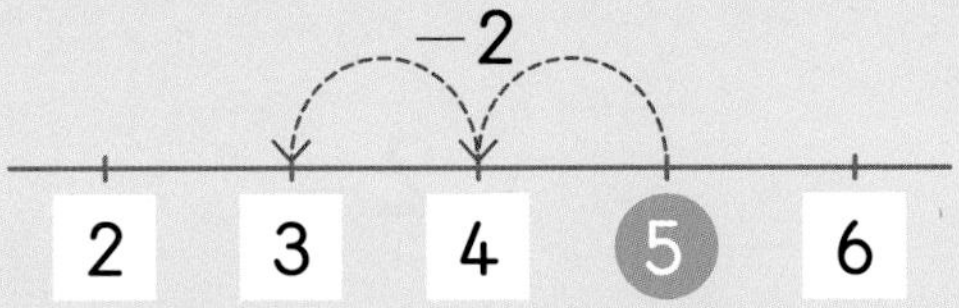

$5-2=$ ☐

❹

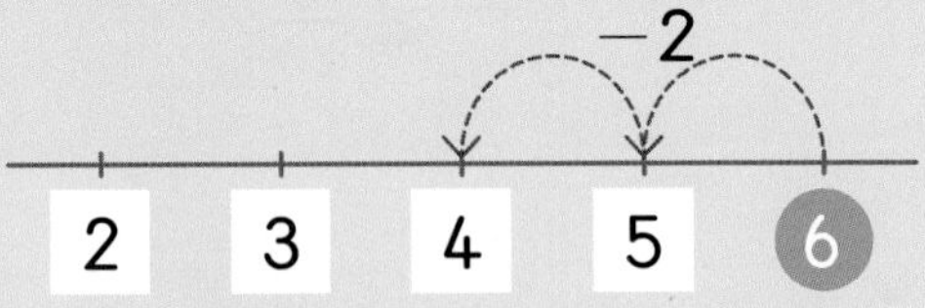

$6-2=$ ☐

❺

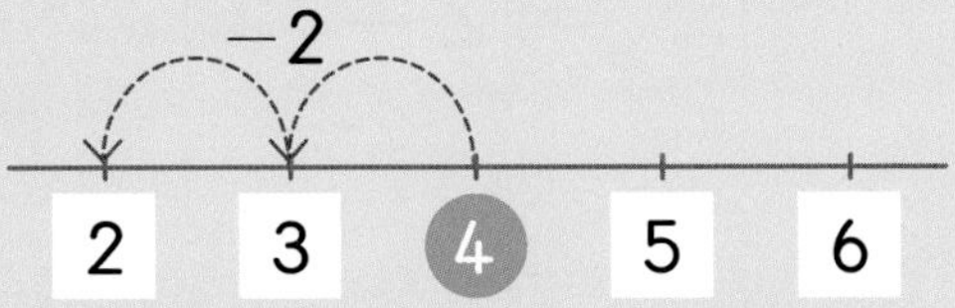

$4-2=$ ☐

❻

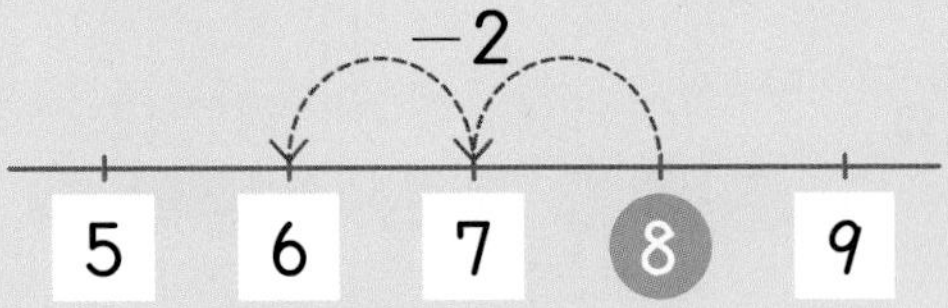

$8-2=$ ☐

❼

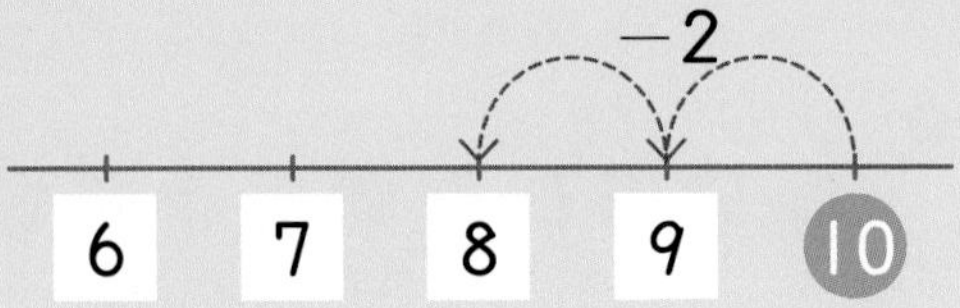

$10-2=$ ☐

⊕ 수직선을 보고 빈칸에 알맞은 수를 써넣으시오.

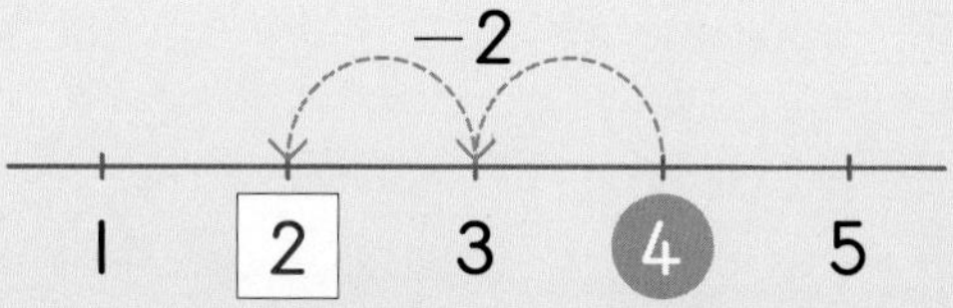

4−2=[2]

❶

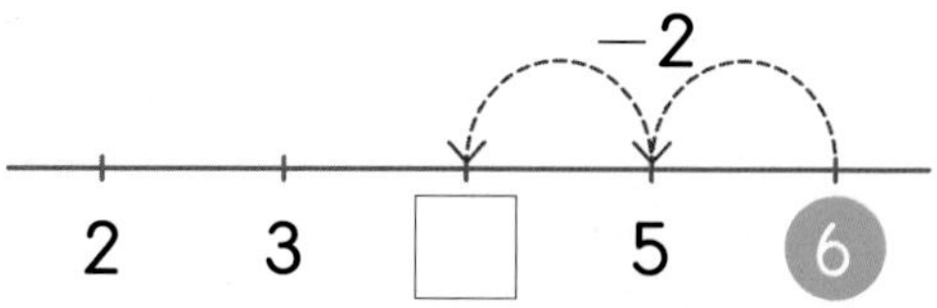

6−2=[ ]

❷

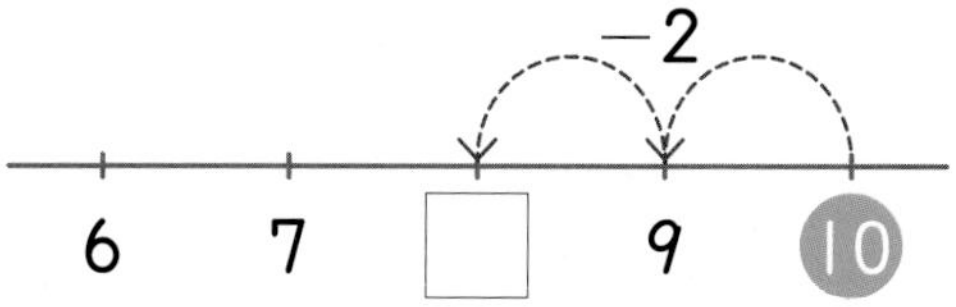

10−2=[ ]

❸

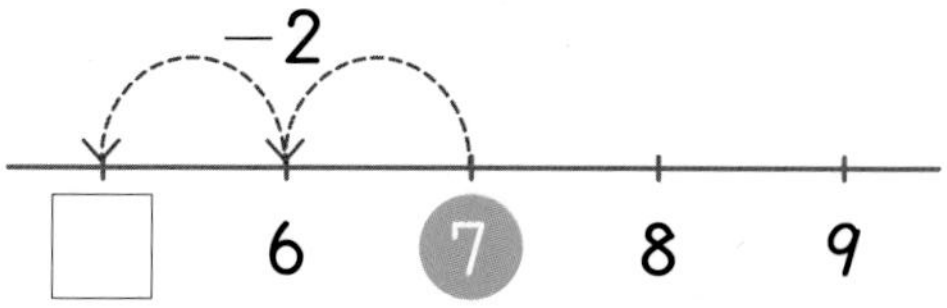

7−2=[ ]

❹

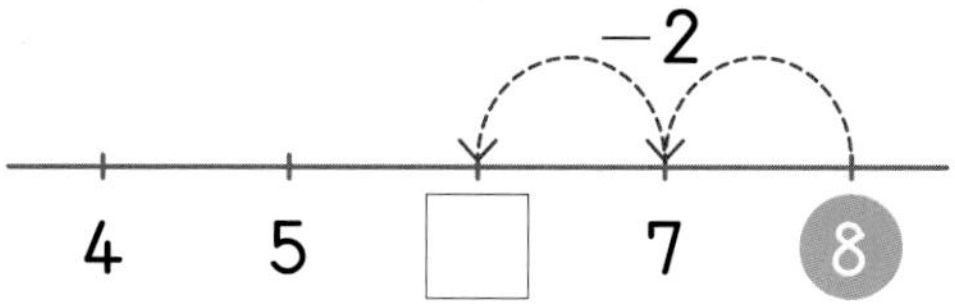

8−2=[ ]

❺

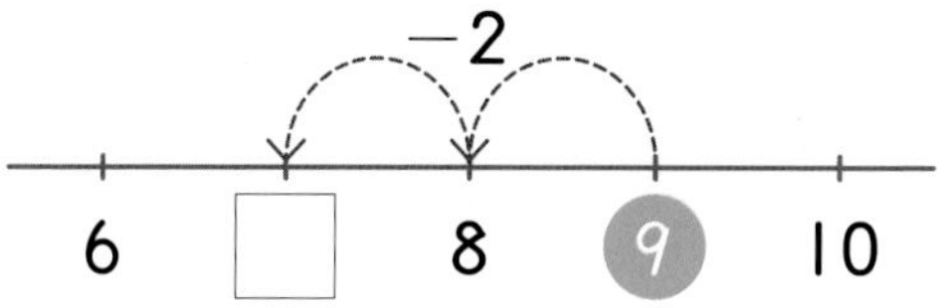

9−2=[ ]

❻

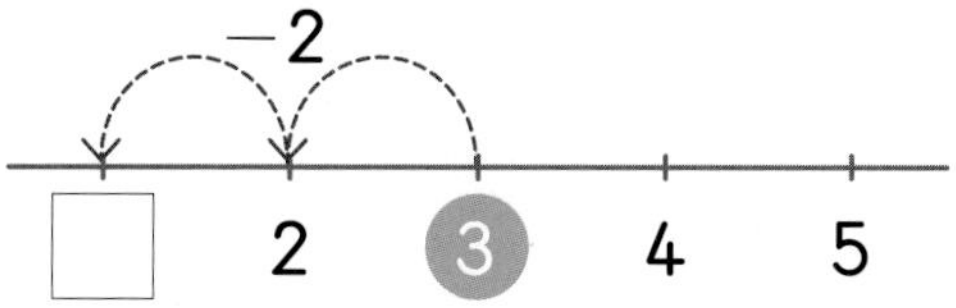

3−2=[ ]

❼

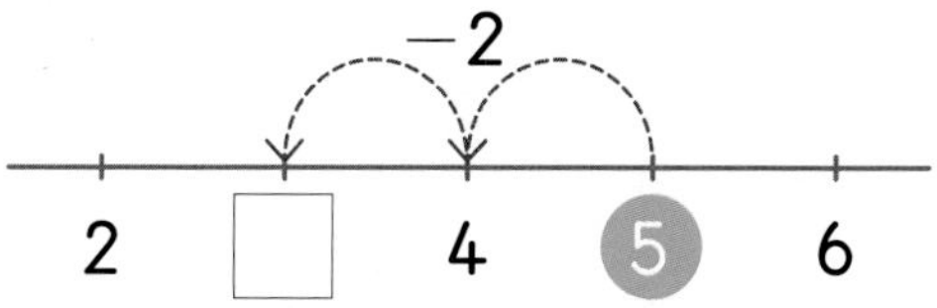

5−2=[ ]

051 기구

◐ 뺄셈을 하여 빈칸에 알맞은 수를 써넣으시오.

7 − 1 → 6	❶ 6 − 1 → □	❷ 9 − 2 → □
❸ 10 − 1 → □	❹ 8 − 2 → □	❺ 5 − 1 → □
❻ 2 − 2 → □	❼ 3 − 1 → □	❽ 4 − 2 → □

월 일

⊕ 계산 결과가 맞지 않는 것에 /표 하시오.

(예시) 6: 7−1, 6−1 (/), 8−2

❶ 3: 2−1, 5−2, 4−1

❷ 7: 9−2, 8−1, 9−1

❸ 5: 6−1, 3−2, 7−2

❹ 4: 3−1, 6−2, 5−1

❺ 8: 9−1, 10−2, 7−1

052 화살표 약속

◐ 화살표 약속에 맞게 빈칸에 알맞은 수를 써넣으시오.

약속

← −1

↞ −2

0 ↞ 2

8 ← 9

❶ □ ← 4

□ ↞ 7

❷ □ ↞ 8

□ ← 6

❸ □ ← 5

□ ↞ 3

❹ □ ↞ 9

□ ← 10

❺ □ ↞ 7

□ ← 1

❻ □ ← 8

□ ↞ 4

❼ □ ↞ 6

□ ← 3

❽ □ ↞ 2

□ ← 4

❾ □ ← 6

□ ↞ 10

❿ □ ↞ 5

□ ← 7

화살표 약속에 맞게 < 또는 <<를 그리시오.

(보기)
1 <<—— 3
6 <—— 7

❶ 5 —— 6
2 —— 4

❷ 7 —— 9
6 —— 8

❸ 4 —— 5
6 —— 8

❹ 5 —— 7
8 —— 10

❺ 2 —— 4
2 —— 3

❻ 4 —— 6
8 —— 9

❼ 0 —— 1
3 —— 5

❽ 5 —— 7
6 —— 7

❾ 3 —— 4
2 —— 3

❿ 0 —— 2
1 —— 2

⓫ 8 —— 10
4 —— 5

잘 공부했는지 알아봅시다

월 일

1 빼는 수만큼 /로 지우고 □ 안에 알맞은 수를 써넣으시오.

❶

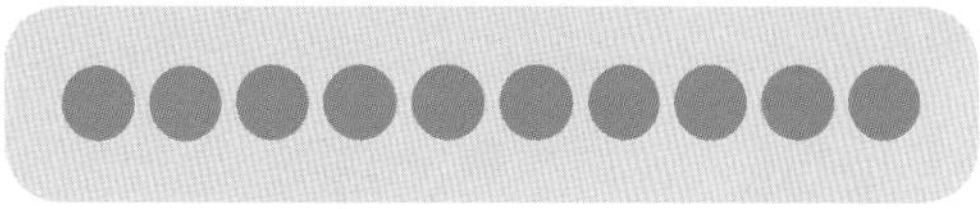

□ $-2=$ □

❷

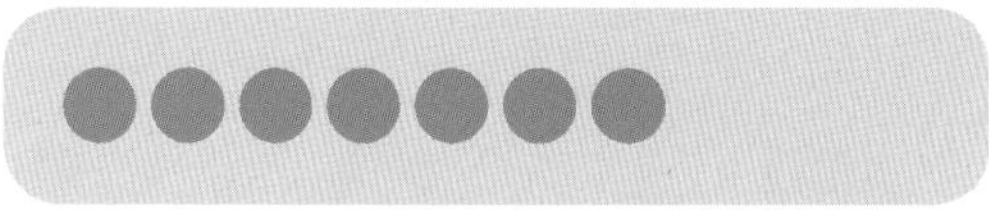

□ $-2=$ □

2 수직선을 보고 뺄셈을 하시오.

❶

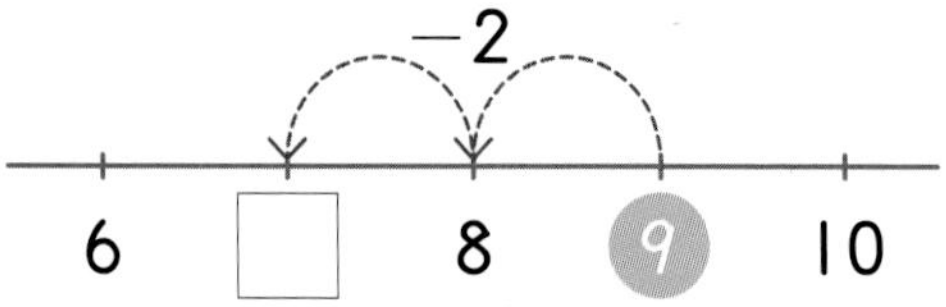

$9-2=$ □

❷

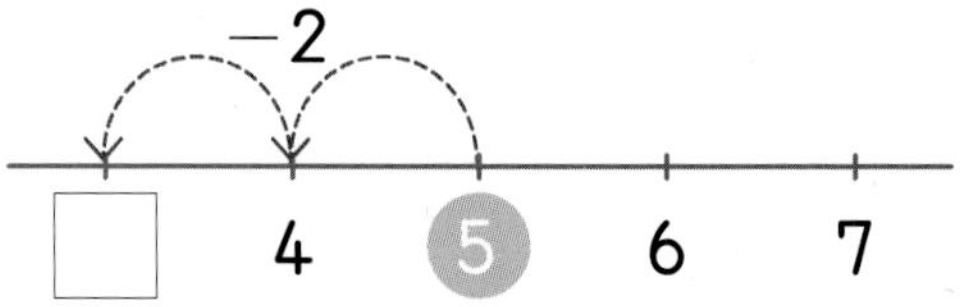

□ $-2=$ □

3 계산 결과가 맞지 않는 것에 /표 하시오.

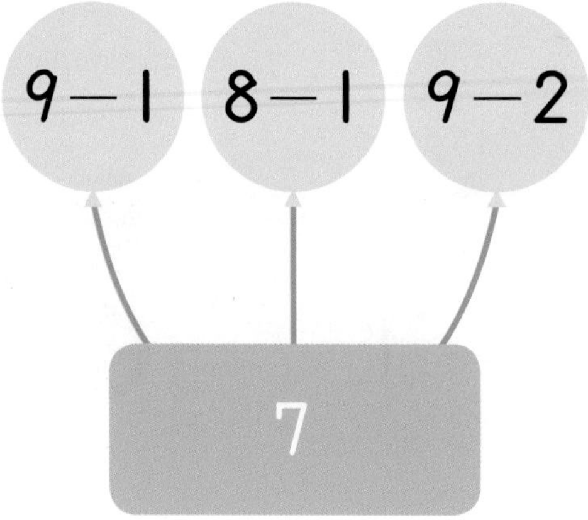

6

□가 있는 빼기

053 네모셈

◐ □ 안에 들어갈 수만큼 /로 지우고, 알맞은 수를 써넣으시오.

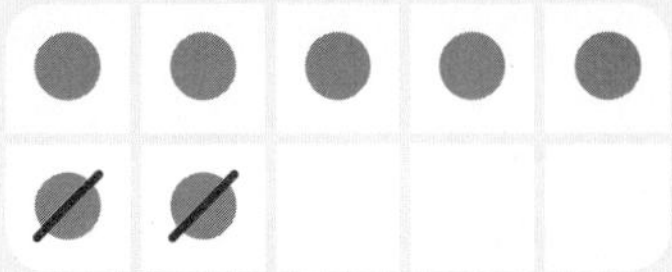

$7-\boxed{2}=5$

❶ 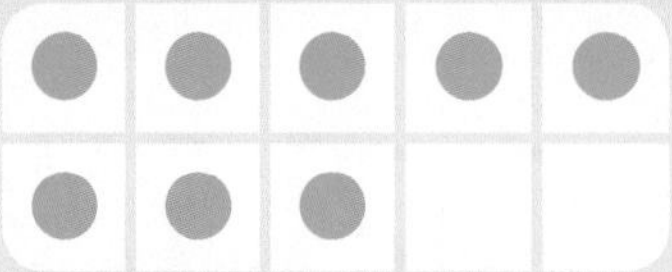

$8-\square=7$

❷ 

$2-\square=0$

❸ 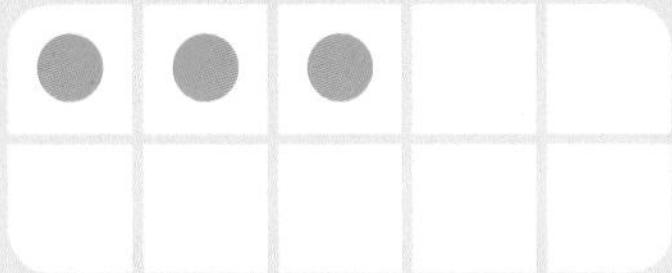

$3-\square=2$

❹ 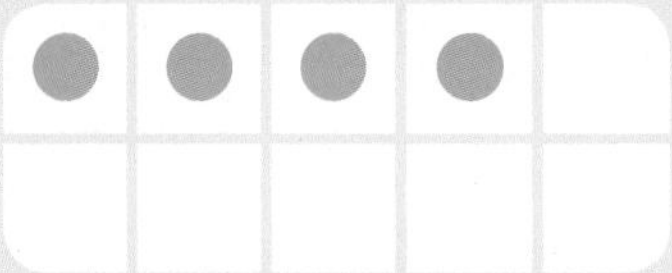

$4-\square=2$

❺ 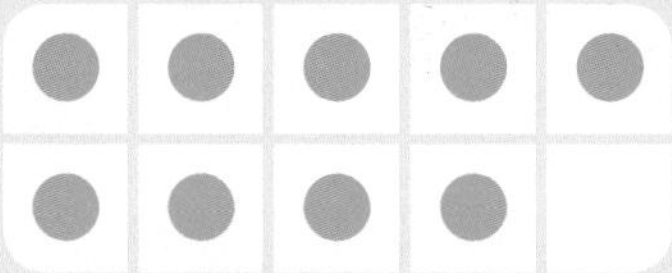

$9-\square=8$

❻ 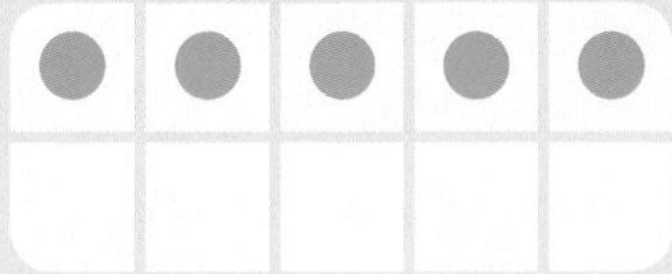

$5-\square=3$

❼ 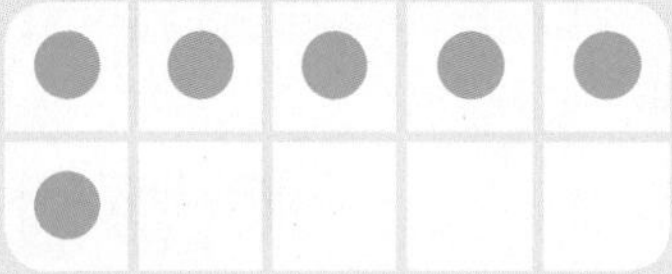

$6-\square=5$

❽ 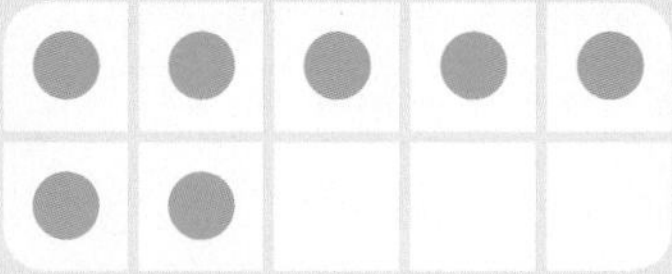

$7-\square=6$

❾ 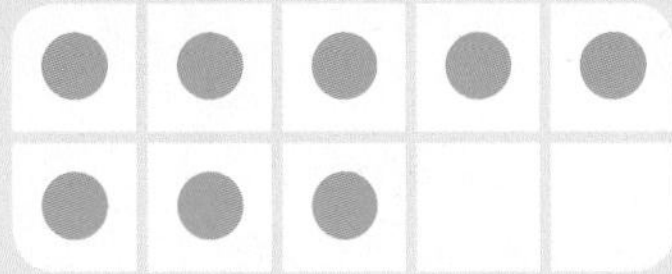

$8-\square=6$

❿ 

$9-\square=7$

⓫ 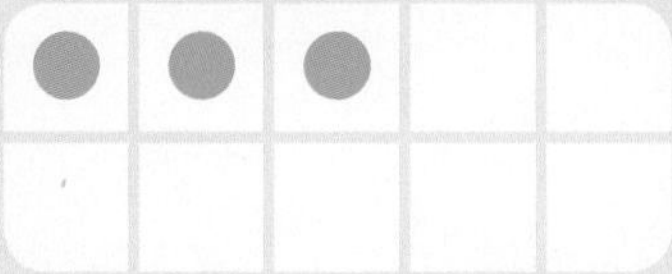

$3-\square=1$

□ 안에 들어갈 수에 ○표 하고, 알맞은 수를 써넣으시오.

$6-\boxed{1}=5$

(1) 2

❶ $7-\square=5$

1 2

❷ $4-\square=3$

1 2

❸ $9-\square=7$

1 2

❹ $2-\square=1$

1 2

❺ $6-\square=4$

1 2

$5-\boxed{1}=4$

(1) 2

❻ $8-\square=6$

1 2

❼ $3-\square=2$

1 2

❽ $4-\square=2$

1 2

❾ $9-\square=8$

1 2

❿ $5-\square=3$

1 2

054 비행접시

◐ 계산에 맞게 선을 그으시오.

5 − ● = 3 (1, 2)

❶ 7 − ● = 6 (1, 2)

❷ 2 − ● = 1 (1, 2)

❸ 4 − ● = 2 (1, 2)

❹ 8 − ● = 7 (1, 2)

❺ 6 − ● = 4 (1, 2)

❻ 3 − ● = 1 (1, 2)

❼ 9 − ● = 8 (1, 2)

❽ 5 − ● = 4 (1, 2)

❾ 10 − ● = 8 (1, 2)

◆ ○ 안에 알맞은 수를 써넣으시오.

$3 - \bigcirc = 2$ (예시: ○ 안에 1)

❶ $8 - \bigcirc = 6$

❷ $7 - \bigcirc = 5$

❸ $5 - \bigcirc = 4$

❹ $4 - \bigcirc = 2$

❺ $2 - \bigcirc = 1$

❻ $9 - \bigcirc = 7$

❼ $6 - \bigcirc = 5$

❽ $10 - \bigcirc = 9$

❾ $3 - \bigcirc = 1$

055 일이뺄셈표

◐ 빈칸에 알맞은 수를 써넣으시오.

—	2	1
7	5	6
2	0	1
4	2	3

❶

—	1	2
4		
6		
9		

❷

—	2	1
3		
8		
5		

❸

—	2	1
9		
3		

❹

—	1	2
2		
5		

❺

—	2	1
8		
7		

❻

—	2	1
8		
6		
5		

❼

—	1	2
7		
9		
3		

❽

—	2	1
4		
2		
10		

빈칸에 알맞은 수를 써넣으시오.

—	1	2
5	4	3
7	6	5
3	2	1

❶

—	2	1
		8
8		
2		

❷

—	1	2
6		
	2	
4		

❸

—	1	2
	5	
5		

❹

—	2	1
3		
	0	

❺

—	1	2
10		
	4	

❻

—	2	1
	2	
3		
6		

❼

—	2	1
5		
10		
		6

❽

—	1	2
		4
8		
2		

056 두줄표

◐ 빈칸에 알맞은 수를 써넣으시오.

(예) −2

7	3	2	9
5	1	0	7

❶ −1

4	6	1	8

❷ −1

5	9	7	10

❸ −2

2	10	4	5

❹ −2

6	5	8	7

❺ −1

2	8	5	3

❻ −1

3	1	6	9

❼ −2

7	9	3	10

❽ −2

2	6	4	5

❾ −1

9	10	7	4

빈칸에 알맞은 수를 써넣으시오.

— (1)

2	5	7	8
1	4	6	7

❶ — ( )

10	7	3	6
			4

❷ — ( )

9	2	4	6
		2	

❸ — ( )

8	1	5	2
7			

❹ — ( )

10	7	3	4
			3

❺ — ( )

5	9	7	8
	7		

❻ — ( )

8	4	5	9
		3	

❼ — ( )

6	3	8	2
			1

❽ — ( )

2	10	9	7
		8	

❾ — ( )

3	6	7	10
1			

잘 공부했는지 알아봅시다

월 일

1 뺄셈을 하여 빈칸에 알맞은 수를 써넣으시오.

❶

8	
□	7

❷

6	
□	4

❸

5	
□	3

2 □ 안에 들어갈 수에 ○표 하고 알맞은 수를 써넣으시오.

❶ $4 - \square = 3$ (1, 2)

❷ $9 - \square = 7$ (1, 2)

3 뺄셈표의 빈칸에 알맞은 수를 써넣으시오.

❶

—	1	2
8		
6		
9		

❷

—	1	2
	4	
7		
3		

7

더하기 1 빼기 1

057 1 큰 수 1 작은 수

◐ Ⅰ 큰 수와 Ⅰ 작은 수를 구하시오.

(예시) 2 ← Ⅰ 작은 수 — 3 — Ⅰ 큰 수 → 4 (−Ⅰ, +Ⅰ)

❶ □ ← Ⅰ 작은 수 — 7 — Ⅰ 큰 수 → □ (−Ⅰ, +Ⅰ)

❷ □ ← Ⅰ 작은 수 — 5 — Ⅰ 큰 수 → □ (−Ⅰ, +Ⅰ)

❸ □ ← Ⅰ 작은 수 — 6 — Ⅰ 큰 수 → □ (−Ⅰ, +Ⅰ)

❹ □ ← Ⅰ 작은 수 — 9 — Ⅰ 큰 수 → □ (−Ⅰ, +Ⅰ)

❺ □ ← Ⅰ 작은 수 — 2 — Ⅰ 큰 수 → □ (−Ⅰ, +Ⅰ)

❻ □ ← Ⅰ 작은 수 — 4 — Ⅰ 큰 수 → □ (−Ⅰ, +Ⅰ)

❼ □ ← Ⅰ 작은 수 — 8 — Ⅰ 큰 수 → □ (−Ⅰ, +Ⅰ)

❽ □ ← Ⅰ 작은 수 — Ⅰ — Ⅰ 큰 수 → □ (−Ⅰ, +Ⅰ)

❾ □ ← Ⅰ 작은 수 — 3 — Ⅰ 큰 수 → □ (−Ⅰ, +Ⅰ)

⊕ 계산을 하시오.

$$\begin{cases} 5+1=\boxed{6} \\ 5-1=\boxed{4} \end{cases}$$

❶ $\begin{cases} 8+1=\square \\ 8-1=\square \end{cases}$

❷ $\begin{cases} 6+1=\square \\ 6-1=\square \end{cases}$

❸ $\begin{cases} 7+1=\square \\ 7-1=\square \end{cases}$

❹ $\begin{cases} 4+1=\square \\ 4-1=\square \end{cases}$

❺ $\begin{cases} 3+1=\square \\ 3-1=\square \end{cases}$

❻ $\begin{cases} 2-1=\square \\ 2+1=\square \end{cases}$

❼ $\begin{cases} 9-1=\square \\ 9+1=\square \end{cases}$

❽ $\begin{cases} 5-1=\square \\ 5+1=\square \end{cases}$

❾ $\begin{cases} 3-1=\square \\ 3+1=\square \end{cases}$

❿ $\begin{cases} 6-1=\square \\ 6+1=\square \end{cases}$

⓫ $\begin{cases} 7-1=\square \\ 7+1=\square \end{cases}$

연산자 넣기

◐ 계산에 맞게 선을 그으시오.

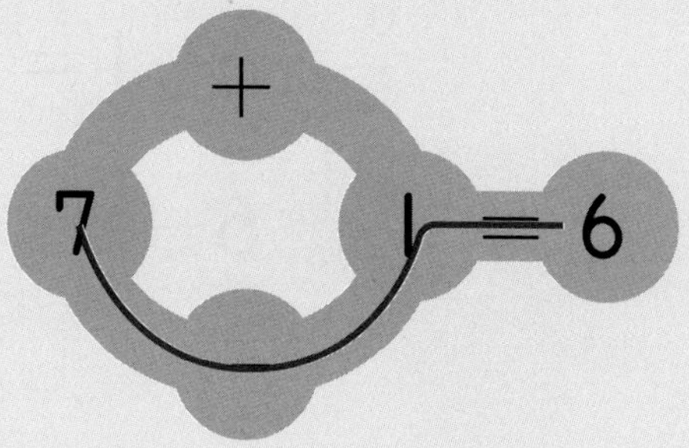

❶
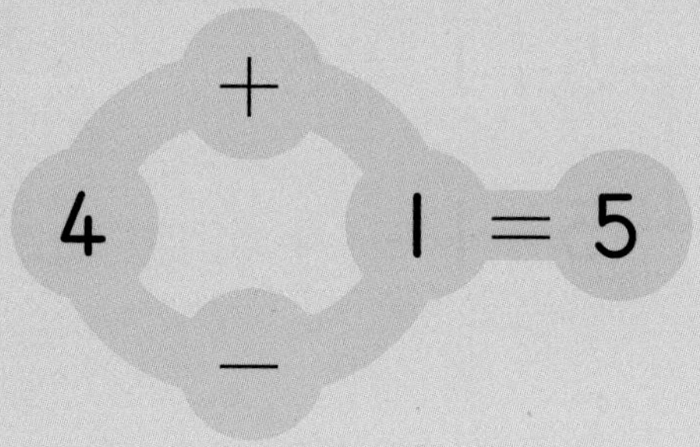

❷
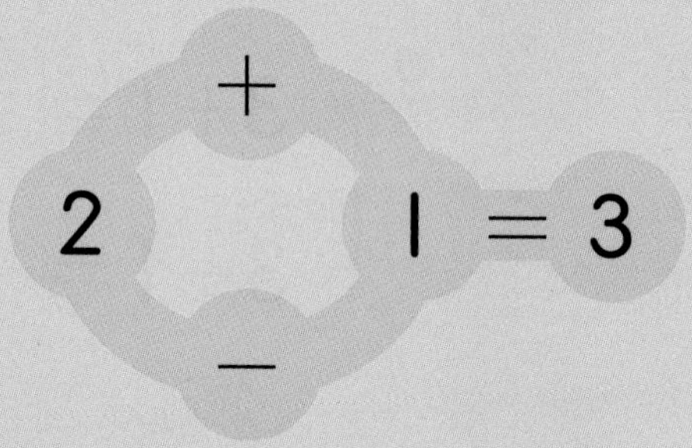

❸
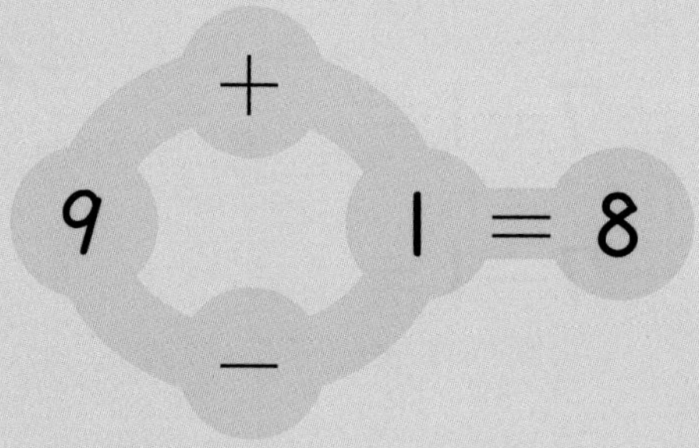

❹
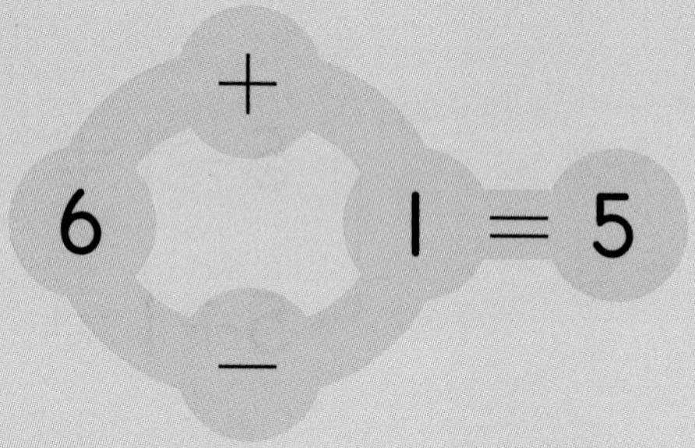

❺
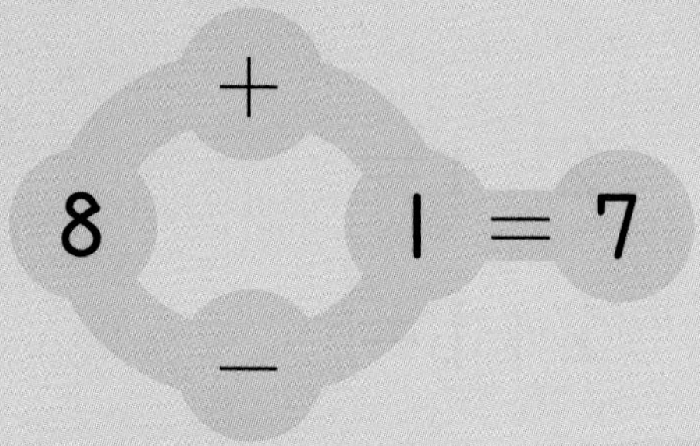

❻
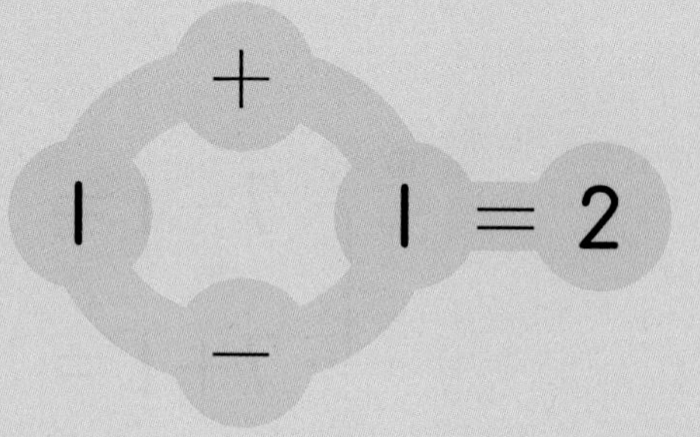

❼
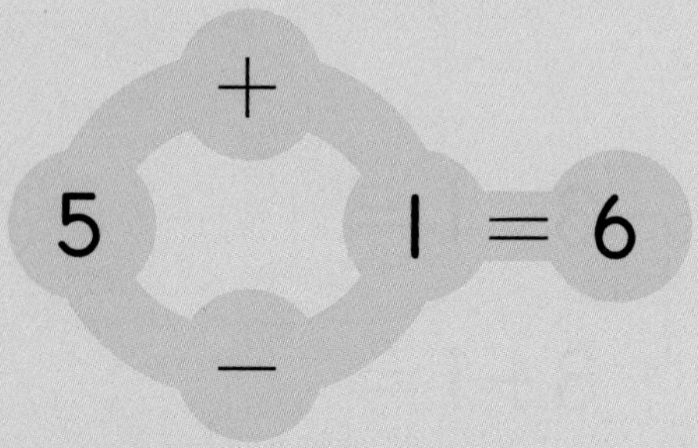

● ○ 안에 + 또는 −를 써넣으시오.

3 (+) 1 = 4
3 (−) 1 = 2

❶ 4 ○ 1 = 3
4 ○ 1 = 5

❷ 7 ○ 1 = 8
7 ○ 1 = 6

❸ 6 ○ 1 = 5
6 ○ 1 = 7

❹ 2 ○ 1 = 3
2 ○ 1 = 1

❺ 5 ○ 1 = 6
5 ○ 1 = 4

❻ 9 ○ 1 = 10
9 ○ 1 = 8

❼ 8 ○ 1 = 7
8 ○ 1 = 9

❽ 3 ○ 1 = 2
3 ○ 1 = 4

❾ 4 ○ 1 = 5
4 ○ 1 = 3

❿ 5 ○ 1 = 4
5 ○ 1 = 6

⓫ 6 ○ 1 = 7
6 ○ 1 = 5

059 성문 막기

◐ 관계있는 것끼리 선으로 이으시오.

(보기) +1

8	4
3	5
4	9

❶ −1

3	2
6	5
9	8

❷ +1

2	8
7	3
5	6

❸ −1

5	1
8	4
2	7

❹ +1

1	7
9	10
6	2

❺ −1

4	9
10	6
7	3

❻ +1

3	6
5	4
4	5

❼ −1

2	6
1	0
7	1

❽ +1

8	8
2	9
7	3

⊕ ○ 안에 + 또는 −를 쓰고, 나머지 선 두 개를 그리시오.

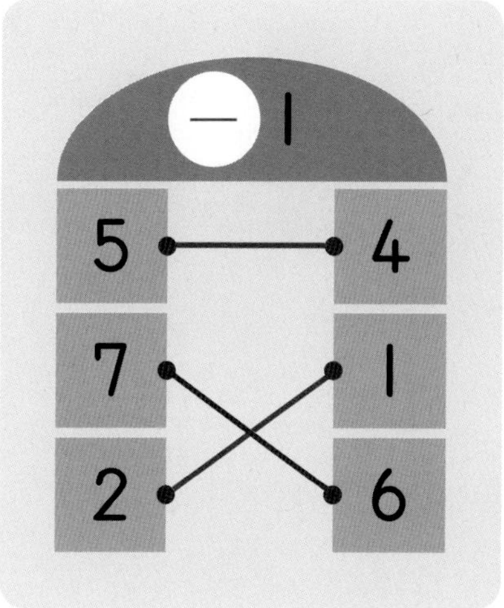

❶
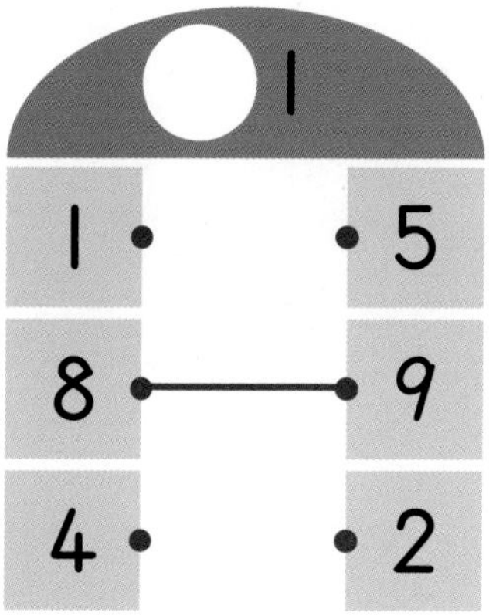

❷
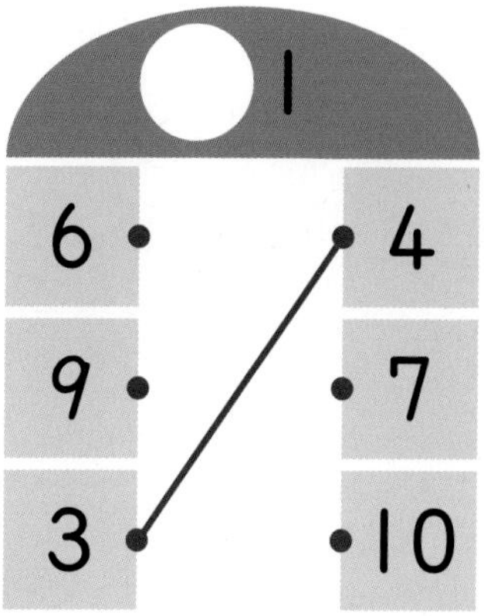

❸
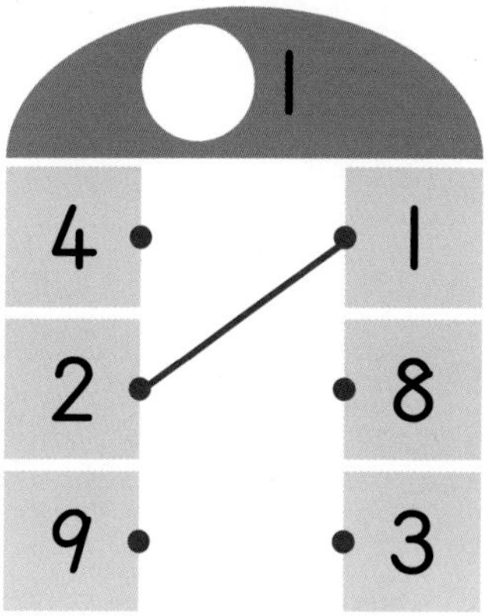

❹

❺
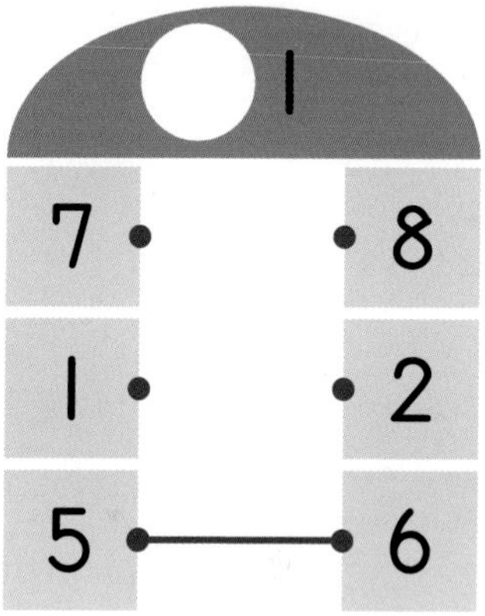

❻

❼

❽
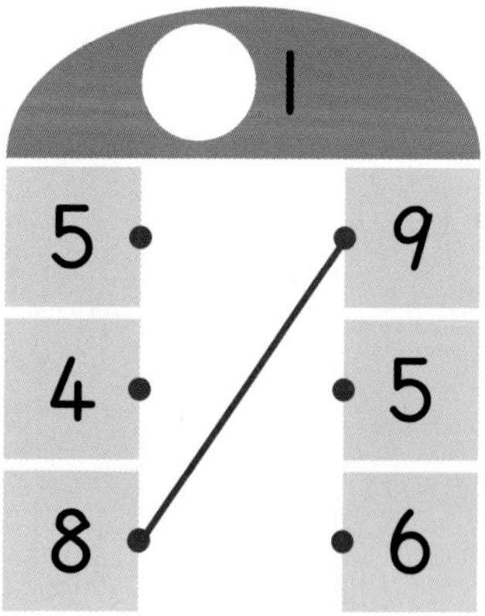

060 합차 두 수

◐ 두 수의 합과 차를 빈칸에 써넣으시오.

| 6 | 1 | 합 7 | 차 5 |

❶ | 9 | 1 | 합 □ | 차 □ |

❷ | 5 | 1 | 합 □ | 차 □ |

❸ | 4 | 1 | 합 □ | 차 □ |

❹ | 7 | 1 | 합 □ | 차 □ |

❺ | 6 | 1 | 합 □ | 차 □ |

❻ | 3 | 1 | 합 □ | 차 □ |

❼ | 2 | 1 | 합 □ | 차 □ |

❽ | 8 | 1 | 합 □ | 차 □ |

❾ | 7 | 1 | 합 □ | 차 □ |

❿ | 1 | 1 | 합 □ | 차 □ |

⓫ | 4 | 1 | 합 □ | 차 □ |

빈칸에 알맞은 수를 써넣으시오.

(예시) 3 | 1 → 합 4, 차 2

❶ (빈칸) | 1 → 합 (빈칸), 차 7

❷ (빈칸) | 1 → 합 3, 차 (빈칸)

❸ (빈칸) | 1 → 합 (빈칸), 차 6

❹ (빈칸) | 1 → 합 10, 차 (빈칸)

❺ (빈칸) | 1 → 합 (빈칸), 차 5

❻ (빈칸) | 1 → 합 6, 차 (빈칸)

❼ (빈칸) | 1 → 합 (빈칸), 차 3

❽ (빈칸) | 1 → 합 (빈칸), 차 0

❾ (빈칸) | 1 → 합 (빈칸), 차 8

❿ (빈칸) | 1 → 합 9, 차 (빈칸)

⓫ (빈칸) | 1 → 합 (빈칸), 차 2

1 1 큰 수와 1 작은 수를 구하시오.

❶

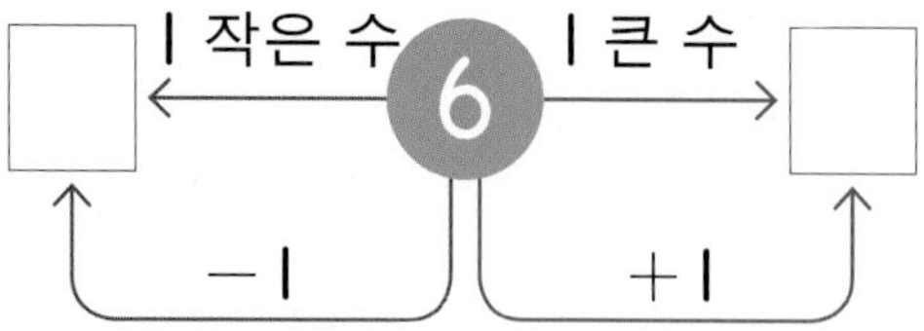

❷

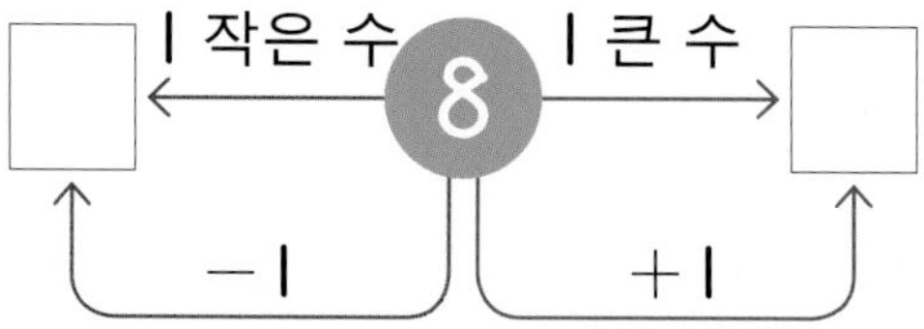

2 두 수의 합과 차를 빈칸에 써넣으시오.

❶

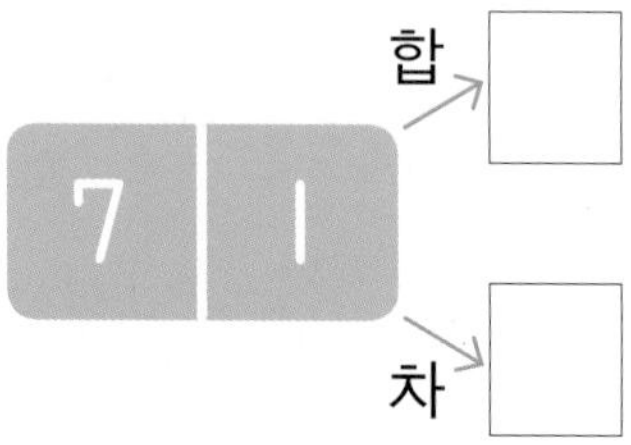

❷

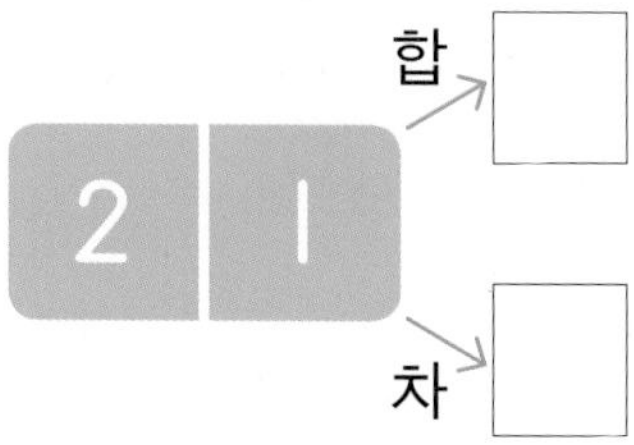

3 관계있는 것끼리 선으로 이으시오.

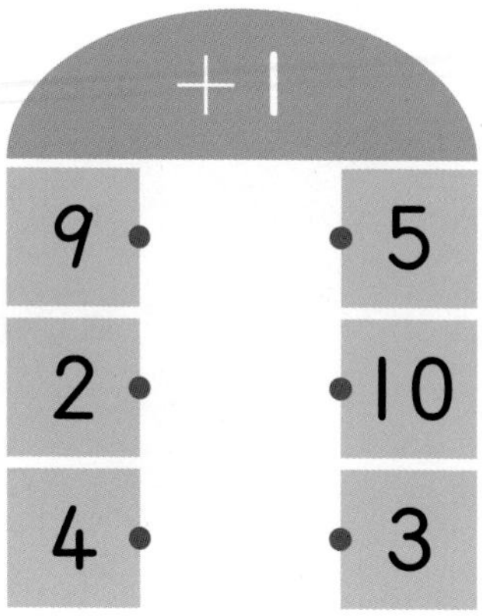

8 더하기 빼기 1과 2

061 자동차 길

◐ 계산 결과에 맞게 자동차 길을 그리시오.

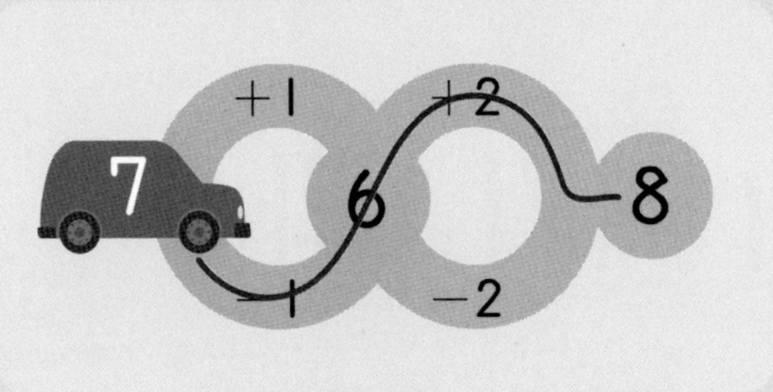

❶
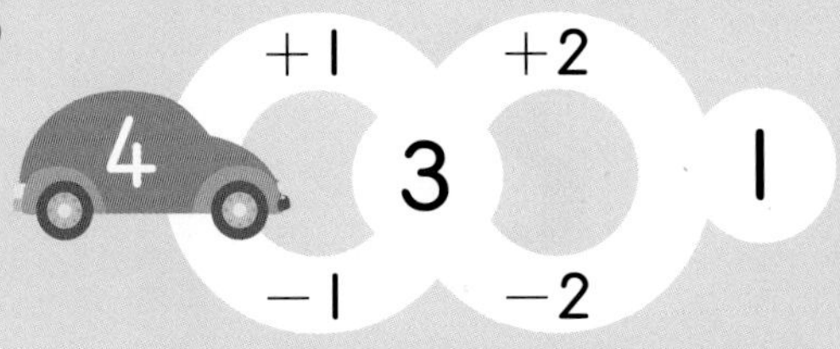

❷

❸
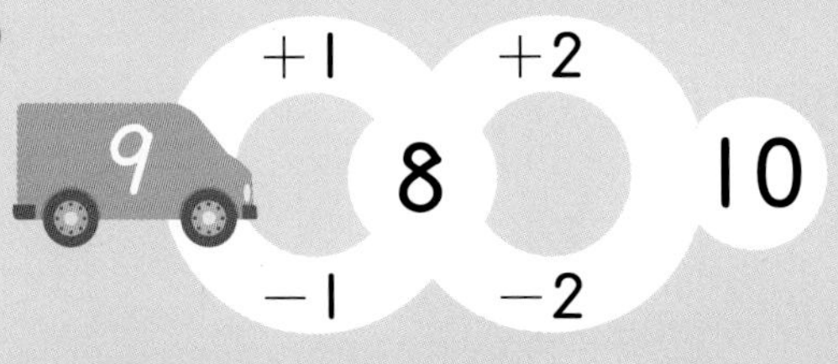

❹
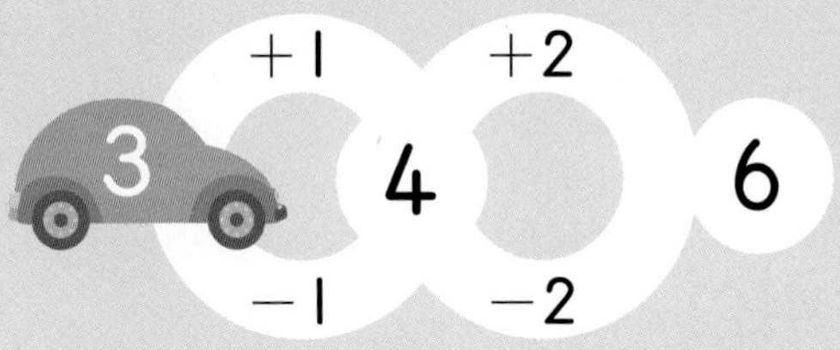

❺

❻
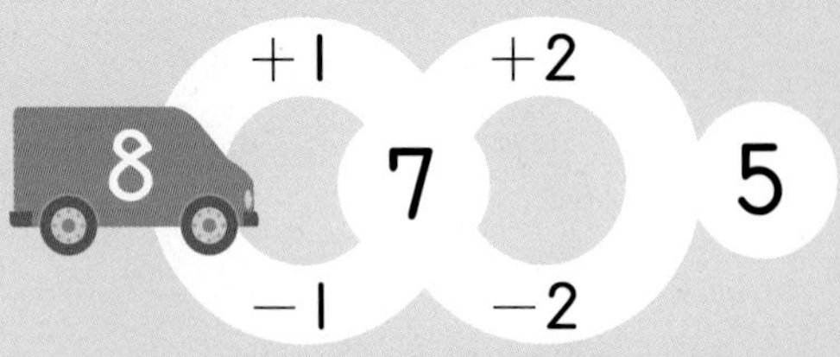

❼
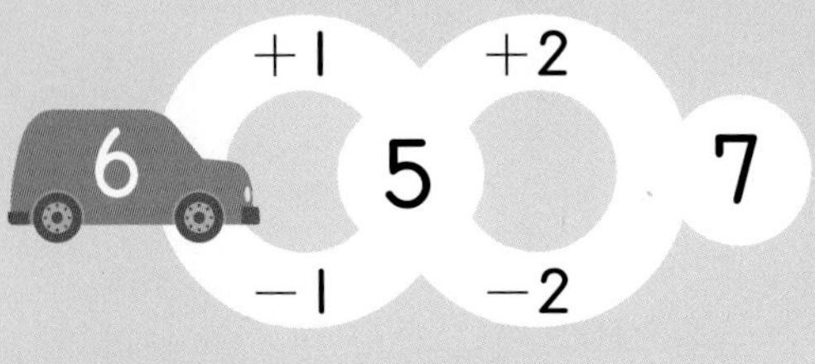

○ 안에는 + 또는 −, □ 안에는 1 또는 2를 넣어 계산식을 완성하시오.

7 (−) [2] = 5 4 (+) [1] = 5	❶ 3 ○ □ = 4 9 ○ □ = 8	❷ 5 ○ □ = 3 6 ○ □ = 5
❸ 3 ○ □ = 5 6 ○ □ = 4	❹ 1 ○ □ = 2 8 ○ □ = 7	❺ 8 ○ □ = 6 2 ○ □ = 3
❻ 2 ○ □ = 1 8 ○ □ = 10	❼ 6 ○ □ = 4 4 ○ □ = 5	❽ 7 ○ □ = 8 5 ○ □ = 7
❾ 9 ○ □ = 10 5 ○ □ = 6	❿ 1 ○ □ = 2 3 ○ □ = 1	⓫ 4 ○ □ = 2 6 ○ □ = 7

062 다리 잇기

◐ 계산을 한 다음 알맞게 선으로 이으시오.

8−2	6+1	9−1
8	6	7

❶

3+1	5−2	7+2
9	3	4

❷

4−2	1+2	7−1
2	6	3

❸

9+1	9−2	3+2
7	5	10

❹

5+2	3−1	4+2
6	2	7

❺

2−1	8+1	6+2
9	1	8

계산 결과가 같은 것끼리 선으로 이으시오.

5+2	3+2	4−1
9−2	1+2	6−1

❶

1+1	8−2	1+2
7−1	5−2	4−2

❷

6−2	7+2	9−1
6+2	8+1	3+1

❸

6+1	2−1	4+1
9−2	3−2	3+2

❹

4+2	6+2	3−1
1+1	8−2	7+1

❺

7+2	6−2	2+1
5−1	8+1	4−1

063 잎새 따기

◐ 계산 결과가 ● 안의 수와 다른 것을 찾아 /로 잎새를 따시오.

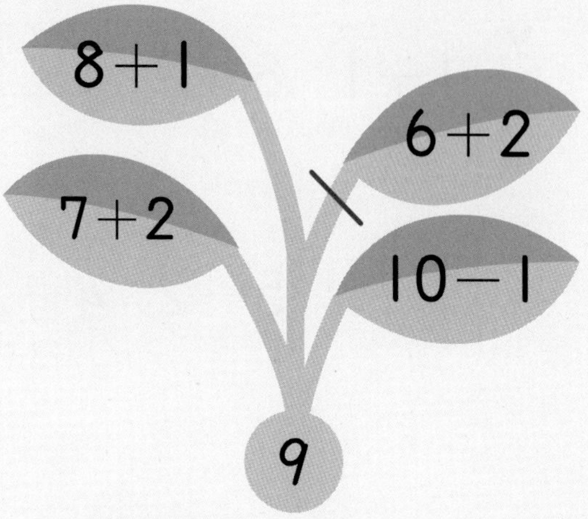

❶
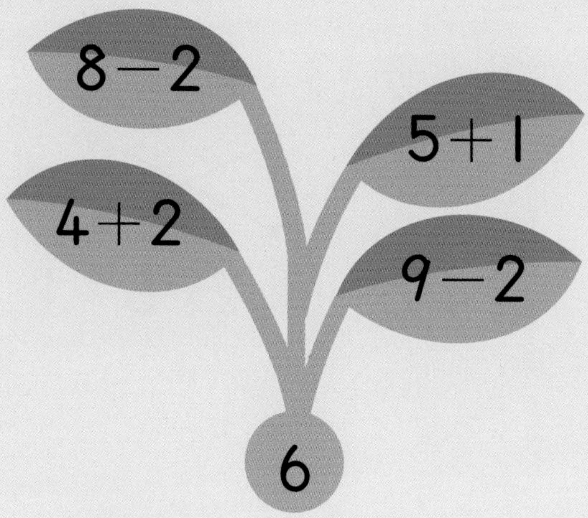

❷
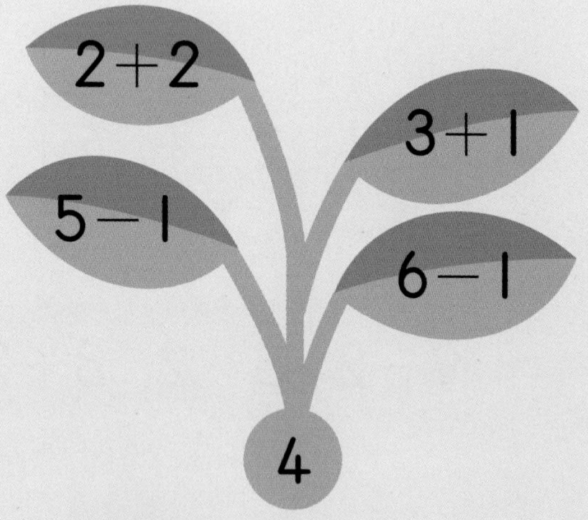

❸
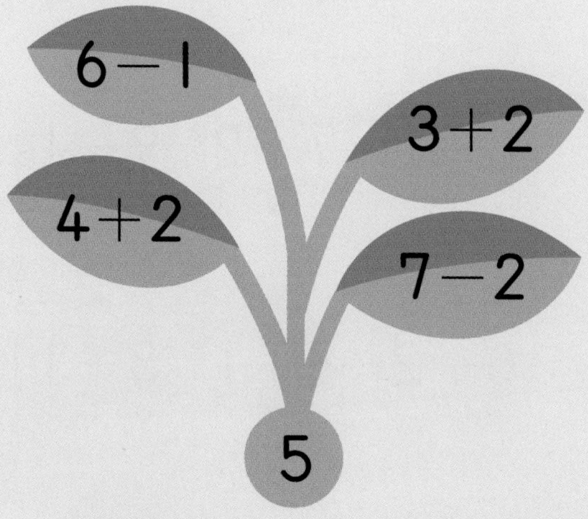

❹
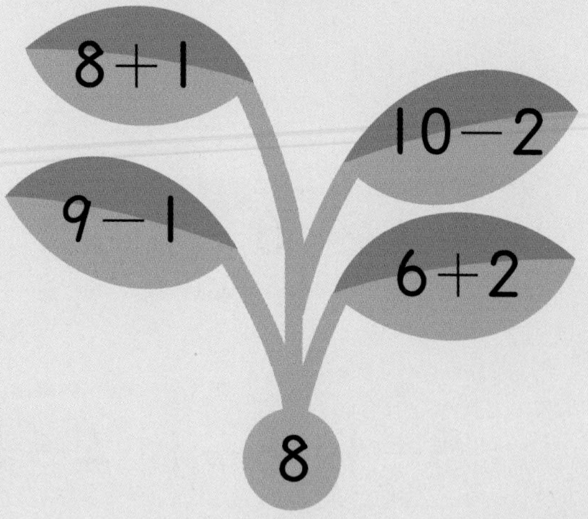

❺
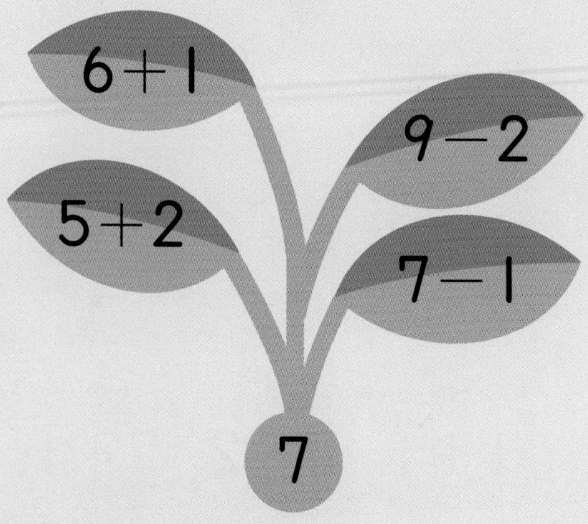

계산 결과가 다른 하나를 찾아 /로 잎새를 따시오.

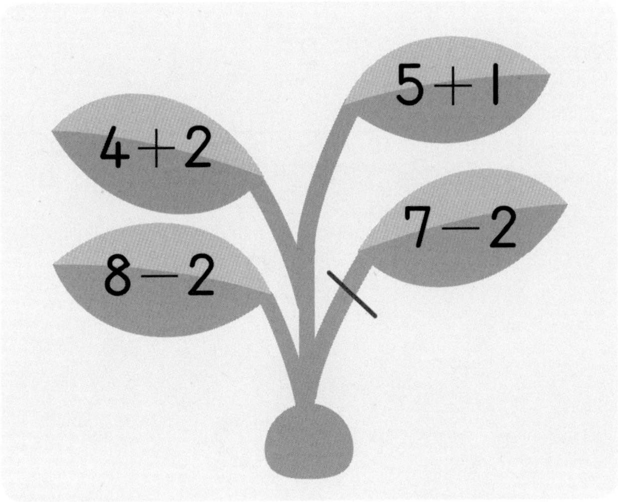

❶

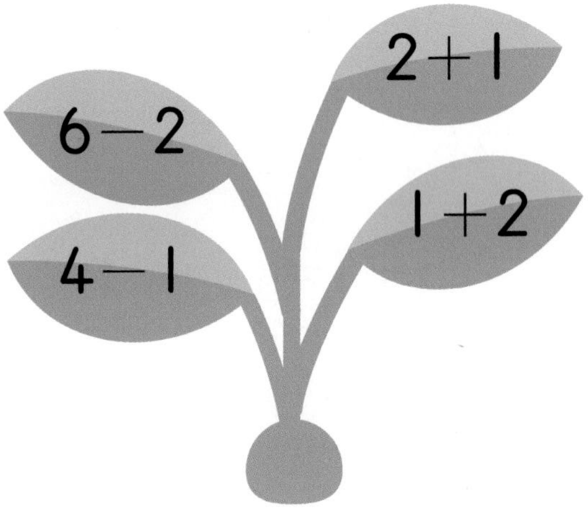

❷

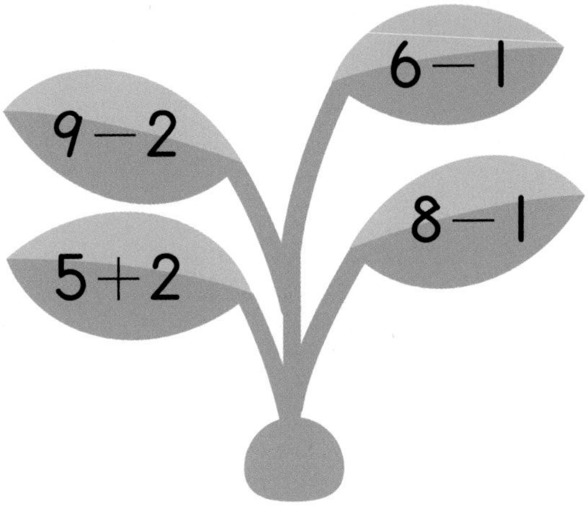

❸

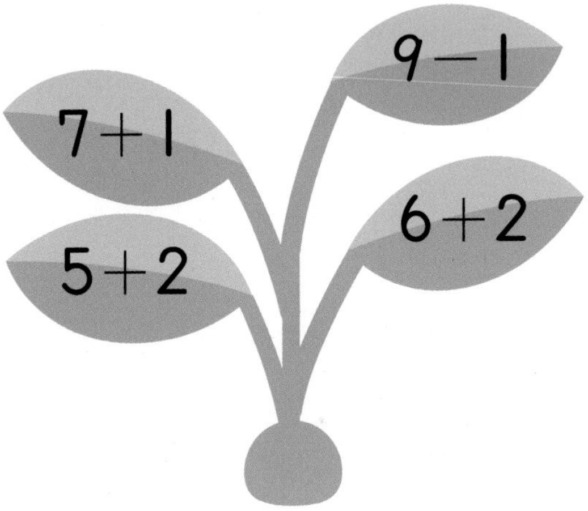

❹

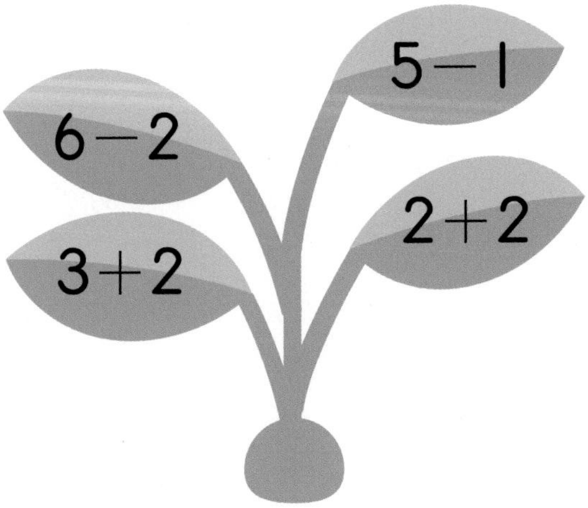

❺

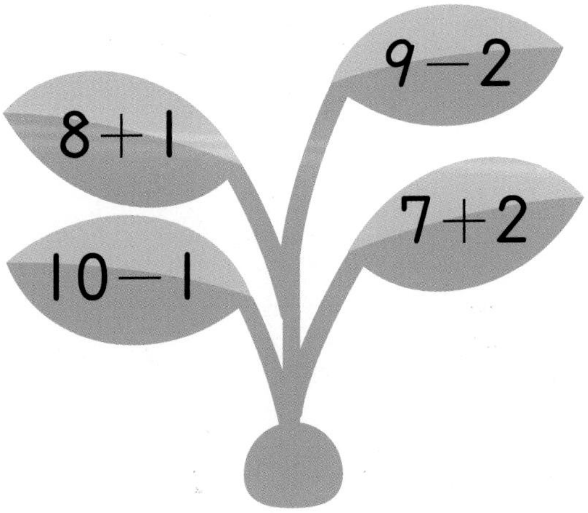

064 양방 수직선

◐ 그림을 보고 □ 안에 알맞은 수를 써넣으시오.

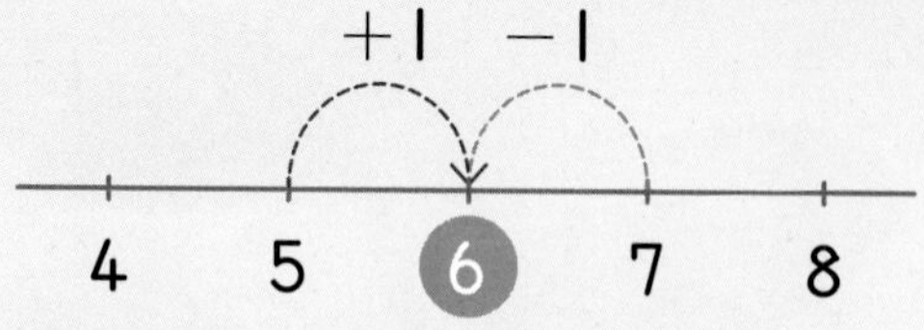

$5+1=\boxed{7}-1$

❶

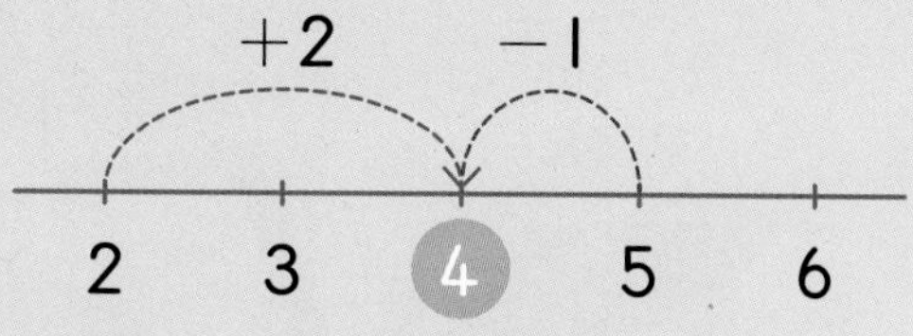

$\square+2=5-1$

❷

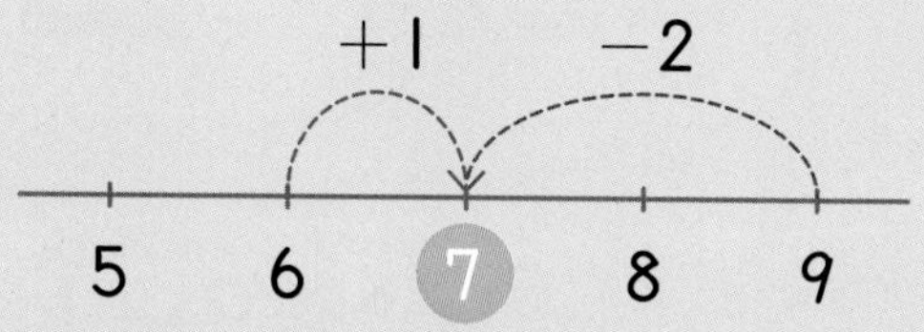

$\square+1=9-2$

❸

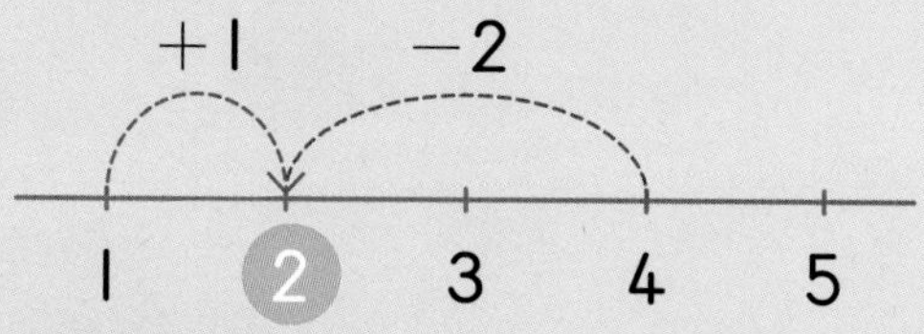

$\square+1=4-2$

❹

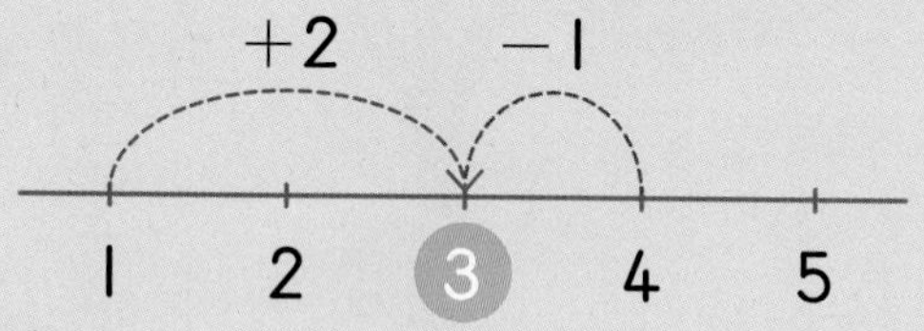

$\square+2=4-1$

❺

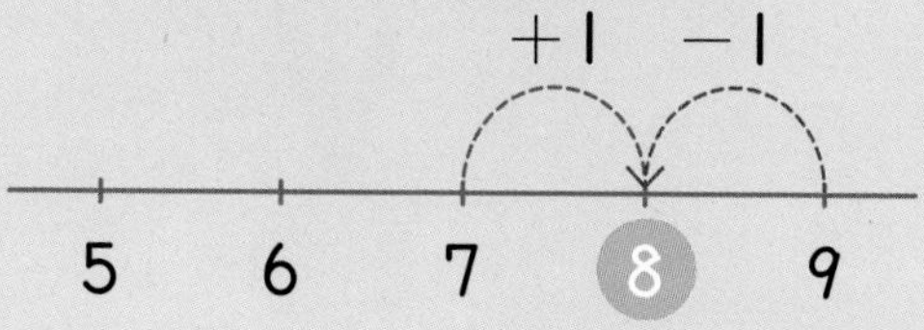

$\square+1=9-1$

❻

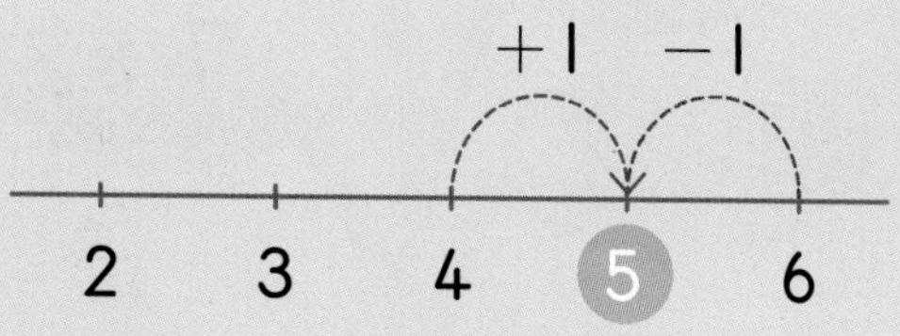

$\square+1=6-1$

❼

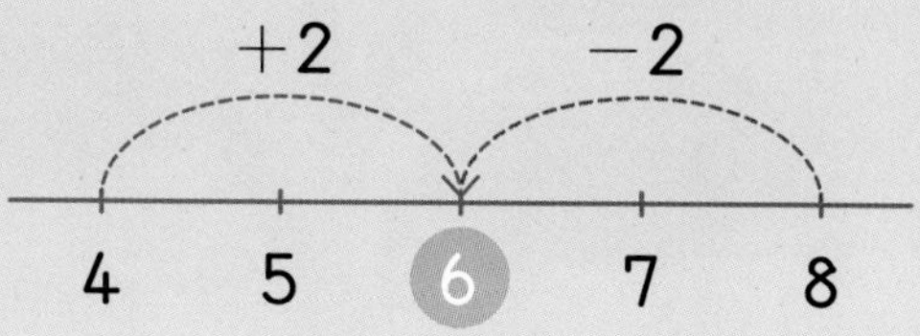

$\square+2=8-2$

◆ □ 안에 알맞은 수를 써넣으시오.

$4+1=\boxed{6}-1$

❶ $\square+1=9-2$

❷ $\square+2=3+1$

❸ $\square+1=5-2$

❹ $8+1=\square+2$

❺ $3+3=\square-1$

❻ $\square+1=4-2$

❼ $\square+1=10-2$

❽ $5+2=\square-1$

❾ $3+2=\square-2$

❿ $\square+1=8-2$

⓫ $\square+1=6-2$

⓬ $1+2=\square-1$

⓭ $6+2=\square-1$

잘 공부했는지 알아봅시다

월 일

1 ○ 안에는 + 또는 −, □ 안에는 **1** 또는 **2**를 넣어 계산식을 완성하시오.

❶ 2 ○ □ = 4

5 ○ □ = 4

❷ 7 ○ □ = 6

8 ○ □ = 6

2 계산 결과가 다른 하나를 찾아 /로 잎새를 따시오.

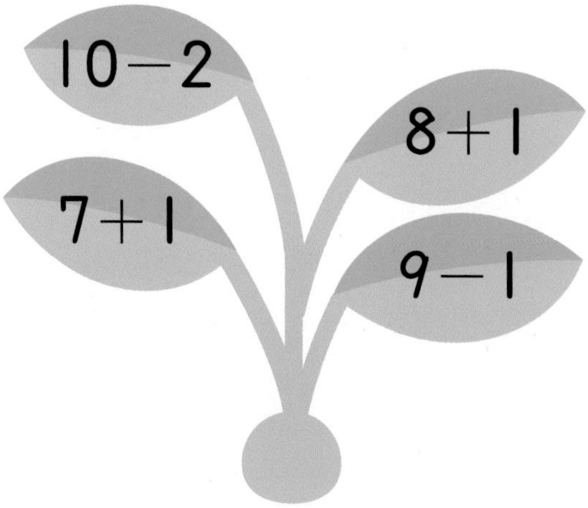

3 그림을 보고 빈칸에 알맞은 수를 써넣으시오.

❶

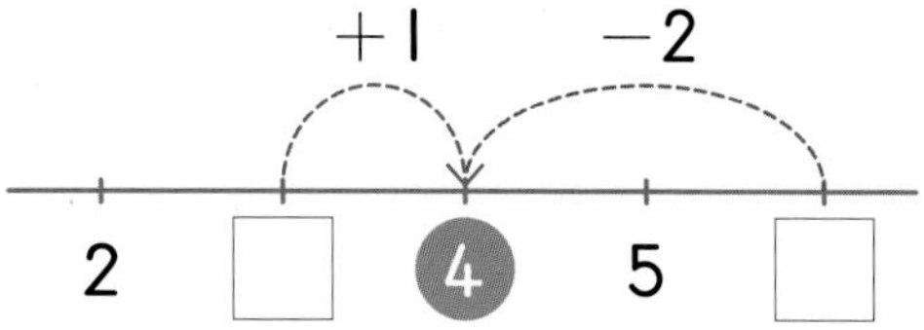

□ + 1 = □ − 2

❷

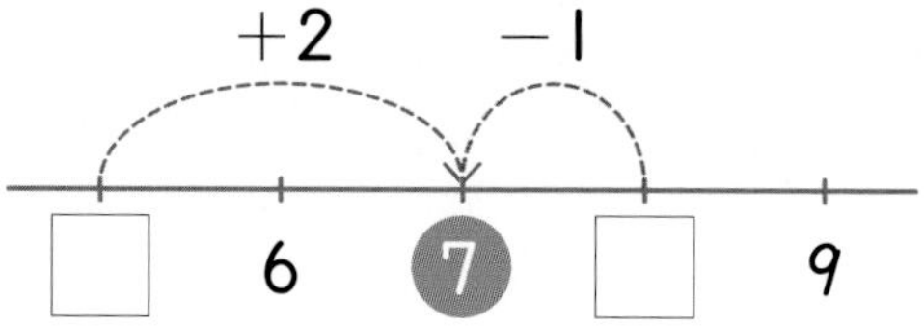

□ + 2 = □ − 1

MEMO

MEMO

사고셈

정답 및 해설
Guide Book

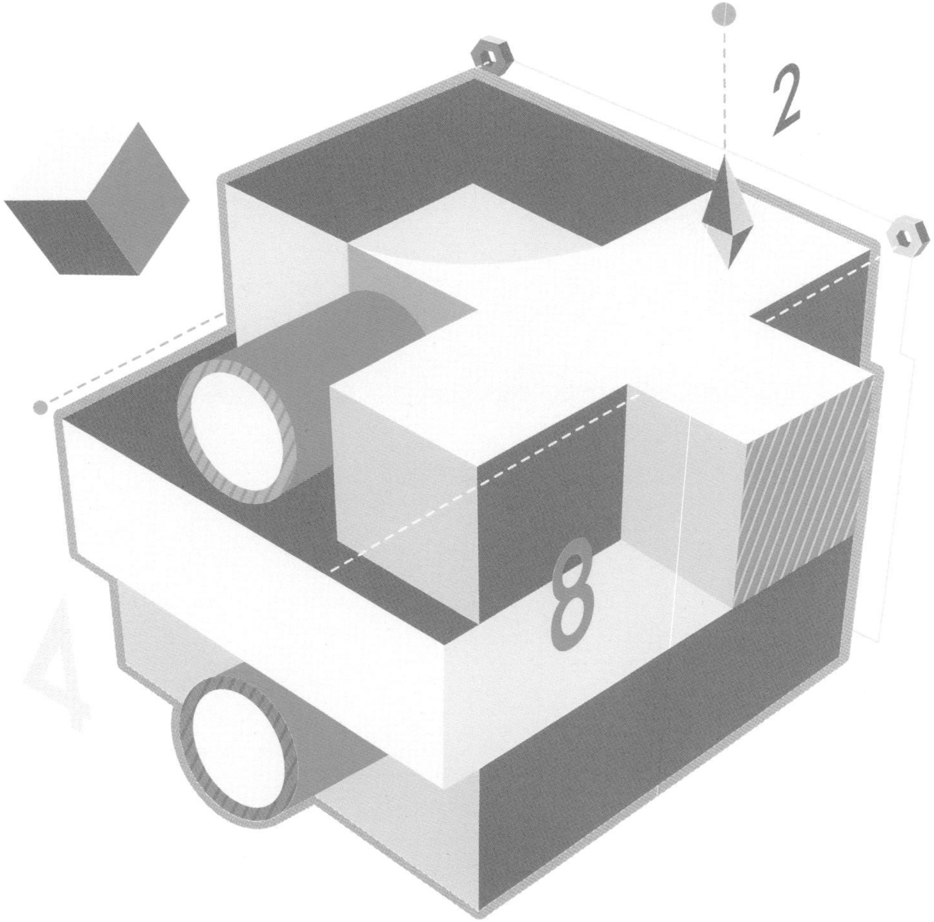

6세 2호

더하기 빼기 1과 2

NE 능률

033

더하기 1

월 일

◐ 그림을 보고 덧셈식을 완성하시오.

4 + [1] = [5]

4개의 구슬에 1개를 더하면 5개가 됩니다.

❶ 7 + [1] = [8]

7개의 구슬에 1개를 더하면 8개가 됩니다.

❷ 2 + [1] = [3]

❸ 3 + [1] = [4]

❹ 6 + [1] = [7]

❺ 5 + [1] = [6]

◑ 빈칸에 ○를 그리고, 덧셈식을 완성하시오.

3 + 1 = [4]

3개의 구슬에 1개를 더하면 4개가 됩니다.

❶ 6 + 1 = [7]

6개의 구슬에 1개를 더하면 7개가 됩니다.

❷ 1 + 1 = [2]

❸ 4 + 1 = [5]

❹ 7 + 1 = [8]

❺ 8 + 1 = [9]

034 앞으로 1칸

월 일

◐ 수직선에서 앞으로 1칸 뛰어 센 수에 색칠하고 덧셈을 하시오.

(예) 2, ③, (4), 5 — 3+1=4

❶ ①, (2), 3, 4 — 1+1=2

❷ 3, 4, ⑤, (6) — 5+1=6

❸ 6, ⑦, (8), 9 — 7+1=8

❹ ④, (5), 6, 7 — 4+1=5

❺ 7, 8, ⑨, (10) — 9+1=10

❻ 5, ⑥, (7), 8 — 6+1=7

❼ ②, (3), 4, 5 — 2+1=3

'+1'한 수는 수직선에서 앞으로 1칸 뛰어 센 수입니다.

◑ 수직선을 보고 빈칸에 알맞은 수를 써넣으시오.

(예) 3, 4, ⑤, 6 — 5+1=6

❶ 2, ③, 4, 5 — 3+1=4

❷ ⑥, 7, 8, 9 — 6+1=7

❸ 6, 7, ⑧, 9 — 8+1=9

❹ 1, ②, 3, 4 — 2+1=3

❺ ①, 2, 3, 4 — 1+1=2

❻ 5, 6, ⑦, 8 — 7+1=8

❼ 3, ④, 5, 6 — 4+1=5

035 바꾸어 더하기

월 일

◐ 덧셈식의 두 수를 바꾸어 더하시오.

6 + 1 = [7]
1 + 6 = [7]

①

4 + 1 = [5]
1 + 4 = [5]

② 7 + 1 = [8], 1 + 7 = [8]

③ 3 + 1 = [4], 1 + 3 = [4]

④ 5 + 1 = [6], 1 + 5 = [6]

⑤ 2 + 1 = [3], 1 + 2 = [3]

⑥ 8 + 1 = [9], 1 + 8 = [9]

⑦ 9 + 1 = [10], 1 + 9 = [10]

더하는 두 수를 바꾸어 더하여도 계산 결과는 같습니다.

◑ □ 안에 알맞은 수를 써넣으시오.

6 + 1 = [7]
1 + 6 = [7]

① 8 + 1 = [9], 1 + 8 = [9]

② 5 + 1 = [6], 1 + 5 = [6]

③ 2 + 1 = [3], 1 + 2 = [3]

④ 7 + 1 = [8], 1 + 7 = [8]

⑤ 4 + 1 = [5], 1 + 4 = [5]

3 + 1 = [4], 1 + 3 = [4]

⑥ 5 + 1 = [6], 1 + 5 = [6]

⑦ 8 + 1 = [9], 1 + 8 = [9]

⑧ 7 + 1 = [8], 1 + 7 = [8]

⑨ 4 + 1 = [5], 1 + 4 = [5]

⑩ 9 + 1 = [10], 1 + 9 = [10]

036 상하셈

월 일

◐ 선으로 이어진 두 수를 더하여 ○ 안에 써넣으시오.

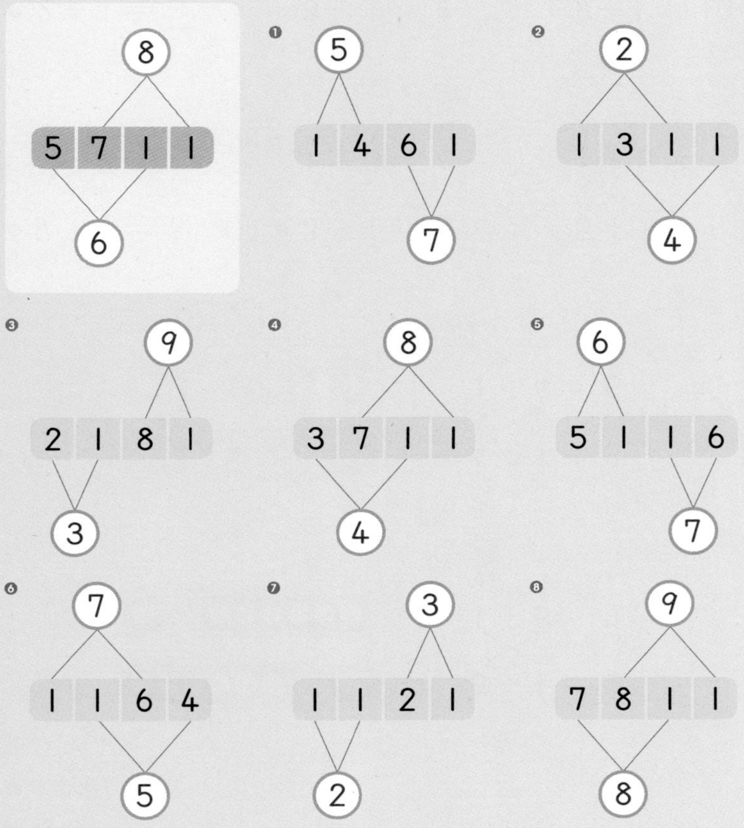

◑ 두 수를 더한 합이 ● 안의 수가 되도록 선을 이으시오.

두 수를 이은 선이 예시 답안과 달라도 연결된 두 수가 같으면 정답입니다.

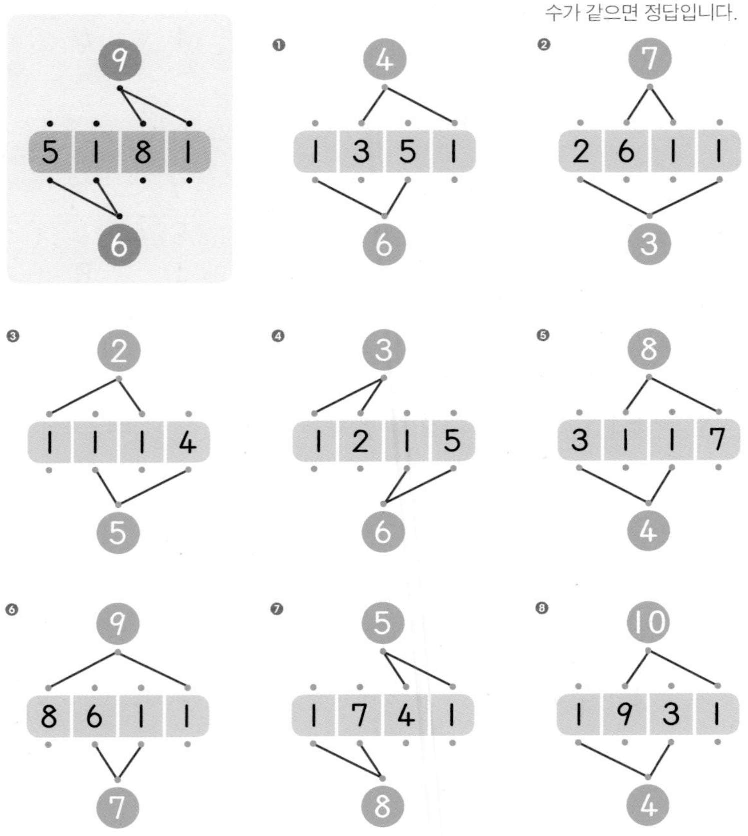

잘 공부했는지 알아봅시다

월 일

1 그림을 보고 덧셈을 하시오.

❶ 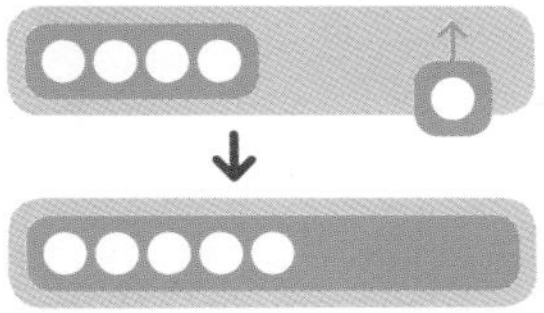

$4 + 1 = 5$

❷ 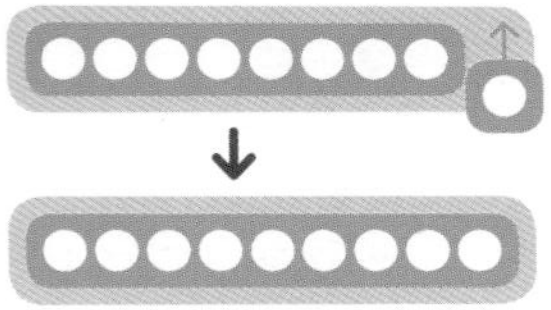

$8 + 1 = 9$

2 수직선을 보고 □ 안에 알맞은 수를 써넣으시오.

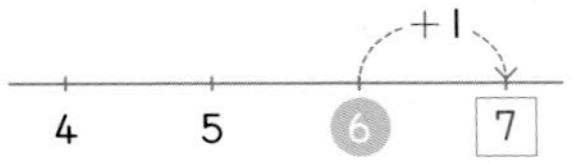

$6 + 1 = 7$

수직선에서 오른쪽으로 하나 옆의 수는 '+1'한 수입니다.

3 그림을 보고 □ 안에 알맞은 수를 써넣으시오.

두 수를 바꾸어 더하여도 계산 결과는 같습니다.

$3 + 5 = 8$

$5 + 3 = 8$

4 합이 ● 안의 수가 되는 두 수에 ○표 하시오.

❶ 6: ⑤, 4, ①

❷ 9: ⑧, ①, 7

037 더하기 2

◐ 그림을 보고 덧셈식을 완성하시오.

(예) 6 + 2 = 8

1. 4 + 2 = 6
2. 3 + 2 = 5
3. 5 + 2 = 7
4. 1 + 2 = 3
5. 7 + 2 = 9
6. 2 + 2 = 4
7. 8 + 2 = 10

월 일

◐ 더하는 수만큼 오른쪽 칸에 ○를 그리고, 덧셈을 하시오.

(예) 5 + 2 = 7
○ 2개를 그리고 덧셈을 합니다.

1. 1 + 2 = 3
2. 6 + 2 = 8
3. 8 + 2 = 10
4. 3 + 2 = 5
5. 4 + 2 = 6
6. 7 + 2 = 9
7. 2 + 2 = 4

038 앞으로 2칸

월 일

1 수직선에서 2 뛰어 센 수에 색칠하고 덧셈을 하시오.

(예) 3 ④ 5 ▨ 7 (+2)
4+2= 6
4+2는 4에서 2 뛰어 센 수 6입니다.

❶ ① 2 ▨ 4 5
1+2= 3
1+2는 1에서 2 뛰어 센 수 3입니다.

❷ 5 6 ⑦ 8 ▨
7+2= 9

❸ 5 ⑥ 7 ▨ 9
6+2= 8

❹ ⑤ 6 ▨ 8 9
5+2= 7

❺ 6 7 ⑧ 9 ▨
8+2= 10

❻ 1 ② 3 ▨ 5
2+2= 4

❼ ③ 4 ▨ 6 7
3+2= 5

●에 2를 더한 수는 수직선에서 오른쪽으로 2 뛰어 센 수입니다.

2 수직선을 보고 빈칸에 알맞은 수를 써넣으시오.

(예) 1 ② 3 4 5
2+2= 4
2에 2를 더한 수는 2에서 2 뛰어 센 수 4입니다.

❶ 4 5 ⑥ 7 8
6+2= 8
6에 2를 더한 수는 6에서 2 뛰어 센 수 8입니다.

❷ ⑤ 6 7 8 9
5+2= 7

❸ 2 ③ 4 5 6
3+2= 5

❹ 2 3 ④ 5 6
4+2= 6

❺ ① 2 3 4 5
1+2= 3

❻ 6 ⑦ 8 9 10
7+2= 9

❼ 5 6 ⑧ 9 10
8+2= 10

039 모빌셈

◐ 모빌이 평형을 이룹니다. 빈칸에 알맞은 수를 써넣으시오.

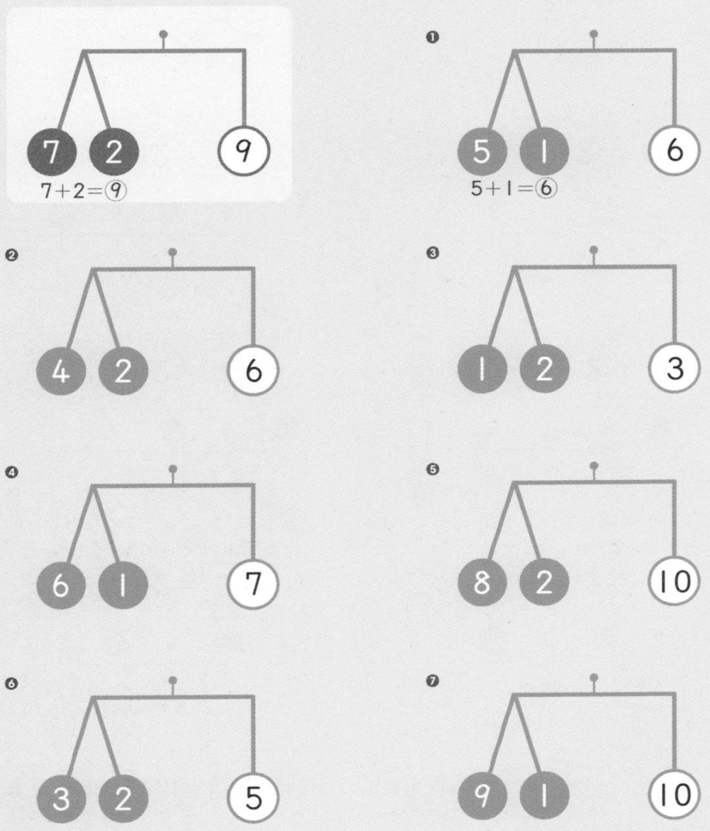

월 일

◐ 모빌이 평형을 이룹니다. 빈칸에 1 또는 2를 써넣으시오.

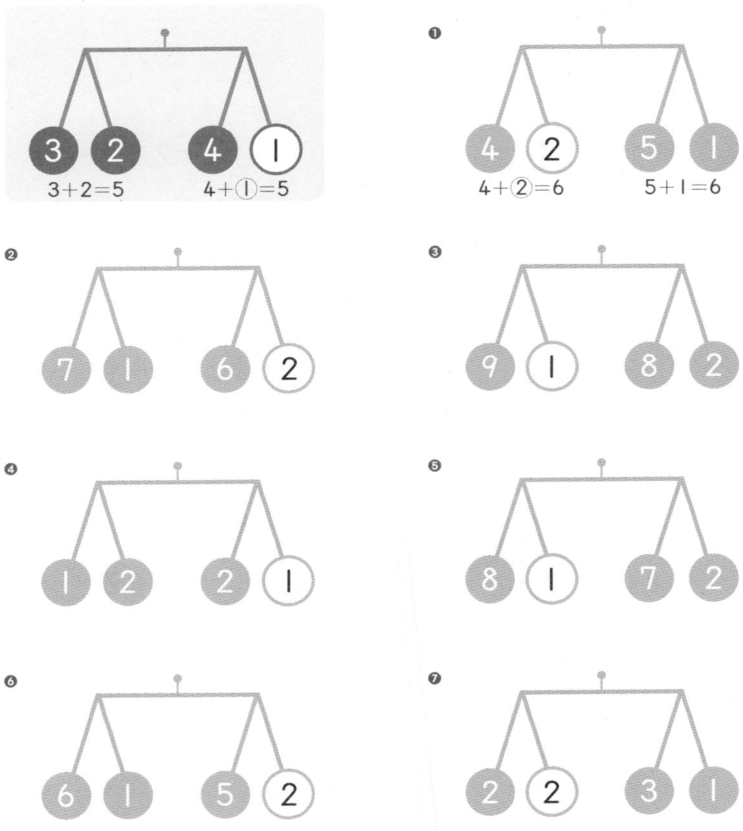

040 화살표 약속

◐ 화살표 약속에 맞게 빈칸에 알맞은 수를 써넣으시오.

약속

→ +1
↠ +2

9 →(+1) 10
3 ↠(+2) 5

❶ 4 ↠(+2) 6
7 →(+1) 8

❷ 2 → 3
5 ↠ 7

❸ 6 ↠ 8
1 → 2

❹ 8 → 9
2 ↠ 4

❺ 7 ↠ 9
3 → 4

❻ 5 → 6
8 ↠ 10

❼ 3 ↠ 5
6 → 7

❽ 4 → 5
1 ↠ 3

❾ 3 ↠ 5
2 → 3

❿ 9 → 10
4 ↠ 6

월 일

◒ 화살표 약속에 맞게 > 또는 >>를 그리시오.

7 →(+1) 8
6 ↠(+2) 8

❶ 3 ↠(+2) 5
2 →(+1) 3

❷ 7 →(+1) 8
8 →(+1) 9

❸ 9 → 10
4 ↠ 6

❹ 5 ↠ 7
1 ↠ 3

❺ 4 ↠ 6
3 → 4

❻ 8 ↠ 10
5 → 6

❼ 4 → 5
7 ↠ 9

❽ 2 ↠ 4
1 → 2

❾ 6 → 7
7 → 8

❿ 2 ↠ 4
8 → 9

⓫ 5 ↠ 7
4 ↠ 6

잘 공부했는지 알아봅시다

월 일

1 도미노를 보고 덧셈을 하시오.

❶ 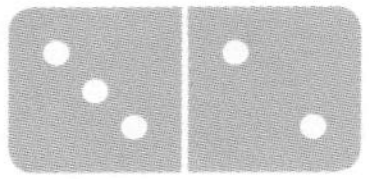

$3+2=$ 5

❷ 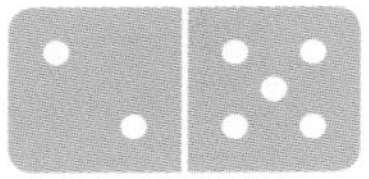

2 $+$ 5 $=$ 7

2 모빌이 평형을 이룹니다. 빈칸에 **1** 또는 **2**를 써넣으시오.

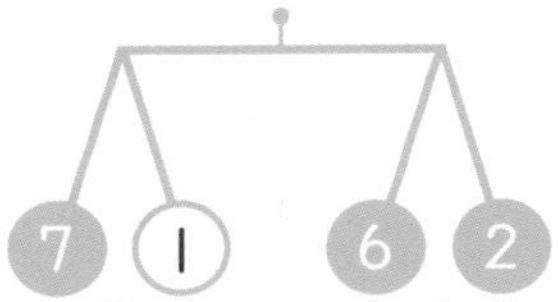

$7+1=8$　$6+2=8$

3 약속에 맞게 빈칸에 알맞은 수를 써넣으시오.

약속
→ +1
↠ +2

4 →(+1) 5
5 ↠(+2) 7

041 네모셈

◐ □ 안에 들어갈 수만큼 ○표 하고, 알맞은 수를 써넣으시오.

(예) 6+[2]=8

❶ 4+[1]=5

❷ 3+[1]=4

❸ 8+[2]=10

❹ 1+[2]=3

❺ 9+[1]=10

❻ 2+[2]=4

❼ 5+[1]=6

❽ 7+[2]=9

❾ 8+[1]=9

❿ 3+[2]=5

⓫ 6+[1]=7

월 일

◈ □ 안에 들어가는 수에 ○표 하고, 알맞은 수를 써넣으시오.

□ 안에 1 또는 2를 넣어 계산해 봅니다.

(예) 5+[1]=6 — ①, 2
5+①=6
5+2=7

❶ 1+[2]=3 — 1, ②
1+1=2
1+②=3

❷ 7+[1]=8 — ①, 2
7+①=8
7+2=9

❸ 2+[2]=4 — 1, ②

❹ 9+[1]=10 — ①, 2

❺ 6+[2]=8 — 1, ②

(예) 3+[2]=5 — 1, ②

❻ 8+[2]=10 — 1, ②

❼ 4+[1]=5 — ①, 2

❽ 7+[2]=9 — 1, ②

❾ 6+[1]=7 — ①, 2

❿ 5+[2]=7 — 1, ②

042 비행접시

월 일

◐ 계산에 맞게 선을 그으시오.

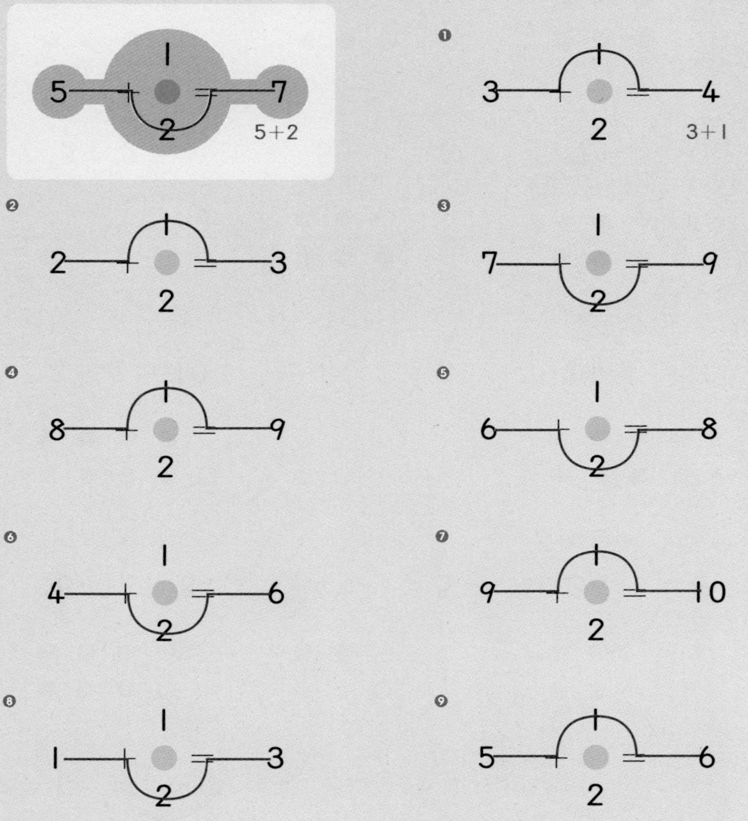

◑ ○ 안에 알맞은 수를 써넣으시오.

8 + (1) = 9　8+1

① 1 + (2) = 3　1+2

② 3 + (2) = 5

③ 5 + (1) = 6

④ 2 + (2) = 4

⑤ 8 + (2) = 10

⑥ 4 + (1) = 5

⑦ 6 + (1) = 7

⑧ 7 + (2) = 9

⑨ 9 + (1) = 10

일이덧셈표

◐ 빈칸에 알맞은 수를 써넣으시오. 가로와 세로가 만나는 곳에 두 수의 합을 씁니다.

+	1	2
3	4	5
5	6	7
6	7	8

❶

+	2	1
1	3	2
4	6	5
8	10	9

❷

+	1	2
2	3	4
4	5	6
7	8	9

❸

+	2	1
3	5	4
7	9	8

❹

+	1	2
2	3	4
6	7	8

❺

+	2	1
8	10	9
4	6	5

❻

+	1	2
8	9	10
6	7	8
4	5	6

❼

+	2	1
7	9	8
5	7	6
1	3	2

❽

+	1	2
7	8	9
4	5	6
2	3	4

월 일

◑ 빈칸에 알맞은 수를 써넣으시오. 먼저 칠해진 가로줄의 빈칸에 들어갈 수를 구합니다.

+	2	1
4	6	5
6	8	7
5	7	6

❶

+	1	2
8	9	10
4	5	6
1	2	3

❷

+	2	1
7	9	8
1	3	2
3	5	4

❸

+	1	2
5	6	7
8	9	10

❹

+	2	1
7	9	8
6	8	7

❺

+	1	2
3	4	5
6	7	8

❻

+	2	1
8	10	9
4	6	5
5	7	6

❼

+	1	2
5	6	7
3	4	5
2	3	4

❽

+	2	1
4	6	5
1	3	2
7	9	8

044 하우스

월 일

◐ 빈칸에 알맞은 수를 써넣으시오.

+2		
2	4	2+2
4	6	4+2
5	7	5+2
8	10	8+2

❶

+1		
9	10	9+1
1	2	1+1
3	4	3+1
6	7	6+1

❷

+2		
7	9	7+2
5	7	5+2
6	8	6+2
3	5	3+2

❸

+1	
1	2
4	5
7	8
2	3

❹

+2	
6	8
3	5
8	10
4	6

❺

+1	
8	9
6	7
9	10
5	6

◑ 빈칸에 알맞은 수를 써넣으시오.

+1		
3	4	
5	6	5+1
8	9	8+1
9	10	9+1

3+○=4이므로 ○ 안의 수는 1입니다.

❶

+2		
7	9	7+2
2	4	2+2
1	3	1+2
4	6	

4+○=6이므로 ○ 안의 수는 2입니다.

❷

+1		
6	7	6+1
3	4	3+1
7	8	
2	3	2+1

7+○=8이므로 ○ 안의 수는 1입니다.

❸

+2	
5	7
6	8
7	9
3	5

❹

+1	
1	2
8	9
5	6
4	5

❺

+2	
8	10
2	4
3	5
7	9

잘 공부했는지 알아봅시다

월 일

1 □ 안에 들어가는 수만큼 ○표 하고 알맞은 수를 써넣으시오.

❶

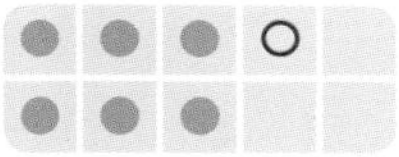

6＋ 1 ＝7

6과 7의 차이 만큼 ○표 하고 수를 씁니다.

❷

8＋ 2 ＝10

8과 10의 차이 만큼 ○표 하고 수를 씁니다.

2 계산에 맞게 선을 그으시오.

❶

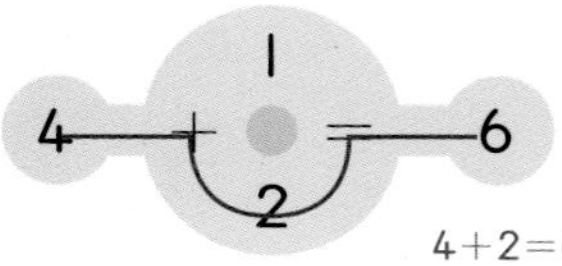

4＋2＝6

❷

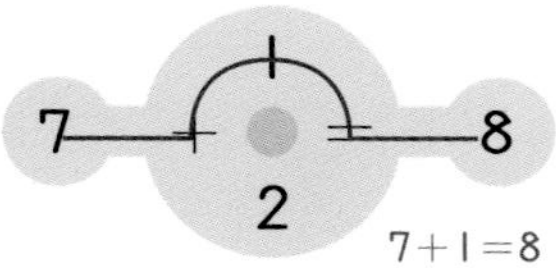

7＋1＝8

3 빈칸에 알맞은 수를 써넣으시오.

❶

＋1	
3	4
1	2
4	5
9	10

3＋1＝4
1＋1＝2
4＋1＝5
9＋1＝10

❷

＋2	
6	8
5	7
2	4
7	9

6＋2＝8
5＋2＝7
2＋2＝4
7＋2＝9

045 빼기 1

◐ 그림을 보고 뺄셈식을 완성하시오.

4 − 1 = 3
4개에서 1개를 빼면 3개가 남습니다.

❶ 7 − 1 = 6
7개에서 1개를 빼면 6개가 남습니다.

❷ 8 − 1 = 7

❸ 3 − 1 = 2

❹ 5 − 1 = 4

❺ 6 − 1 = 5

월 일

◑ 빈칸에 ○를 그리고, 뺄셈식을 완성하시오.

○○○○
5 − 1 = 4
5개에서 1개를 빼면 4개가 남습니다.

❶ ○○○○○○○○
9 − 1 = 8
9개에서 1개를 빼면 8개가 남습니다.

❷ ○
2 − 1 = 1

❸ ○○○○○○
7 − 1 = 6

❹ ○○○○○○○
8 − 1 = 7

❺ ○○○
4 − 1 = 3

046 거꾸로 1칸

◐ 수직선에서 거꾸로 1칸 뛰어 센 수에 색칠하고 뺄셈을 하시오.

(예) 3, [색칠], 5, 6 (−1)
5−1=4

❶ 5, 6, [색칠], 8 (−1)
8−1=7

❷ 1, [색칠], 3, 4 (−1)
3−1=2

❸ [색칠], 2, 3, 4 (−1)
2−1=1

❹ 4, 5, [색칠], 7 (−1)
7−1=6

❺ 2, [색칠], 4, 5 (−1)
4−1=3

❻ [색칠], 6, 7, 8 (−1)
6−1=5

❼ 7, 8, [색칠], 10 (−1)
10−1=9

'−1'한 수는 수직선에서 거꾸로 1칸 뛰어 센 수입니다.

◑ 수직선을 보고 빈칸에 알맞은 수를 써넣으시오.

(예) 4, 5, 6, 7 (−1)
6−1=5

❶ 7, 8, 9, 10 (−1)
10−1=9

❷ 1, 2, 3, 4 (−1)
2−1=1

❸ 4, 5, 6, 7 (−1)
7−1=6

❹ 6, 7, 8, 9 (−1)
8−1=7

❺ 2, 3, 4, 5 (−1)
3−1=2

❻ 2, 3, 4, 5 (−1)
5−1=4

❼ 7, 8, 9, 10 (−1)
9−1=8

047 계단셈

◐ 뺄셈을 하여 빈칸에 알맞은 수를 써넣으시오.

(예) 8, −1 → 7, −1 → 6 (8−1=7, 7−1=6)

$8 \xrightarrow{-1} 7 \xrightarrow{-1} 6$

❶ 6, −1 → 5, −1 → 4 (6−1=5, 5−1=4)

$6 \xrightarrow{-1} 5 \xrightarrow{-1} 4$

❷ 4, −1 → 3, −1 → 2

$4 \xrightarrow{-1} 3 \xrightarrow{-1} 2$

❸ 5, −1 → 4, −1 → 3

$5 \xrightarrow{-1} 4 \xrightarrow{-1} 3$

❹ 7, −1 → 6, −1 → 5

$7 \xrightarrow{-1} 6 \xrightarrow{-1} 5$

❺ 9, −1 → 8, −1 → 7

$9 \xrightarrow{-1} 8 \xrightarrow{-1} 7$

월 일

◑ 빈칸에 알맞은 수를 써넣으시오.

(예) 4, −1 → 3, −1 → 2 (4−1=3, 3−1=2)

$4 \xrightarrow{-1} 3 \xrightarrow{-1} 2$

❶ 3, −1 → 2, −1 → 1 (3−1=2, 2−1=1)

$3 \xrightarrow{-1} 2 \xrightarrow{-1} 1$

❷ 7, −1 → 6, −1 → 5

$7 \xrightarrow{-1} 6 \xrightarrow{-1} 5$

❸ 8, −1 → 7, −1 → 6

$8 \xrightarrow{-1} 7 \xrightarrow{-1} 6$

❹ 9, −1 → 8, −1 → 7

$9 \xrightarrow{-1} 8 \xrightarrow{-1} 7$

❺ 5, −1 → 4, −1 → 3

$5 \xrightarrow{-1} 4 \xrightarrow{-1} 3$

048 도형 안 수

◐ 도형 안의 두 수를 □ 안에 넣어 뺄셈식을 완성하시오.

뺄셈식의 계산 결과는 처음 수보다 작아지므로 주어진 두 수 중 큰 수를 앞의 □에 넣습니다.

(예) 6 7 → 7 − 1 = 6

❶ 9 8 → 9 − 1 = 8

❷ 3 4 → 4 − 1 = 3

❸ 6 5 → 6 − 1 = 5

❹ 2 1 → 2 − 1 = 1

❺ 7 8 → 8 − 1 = 7

❻ 5 4 → 5 − 1 = 4

❼ 3 2 → 3 − 1 = 2

❽ 7 6 → 7 − 1 = 6

❾ 5 6 → 6 − 1 = 5

❿ 8 9 → 9 − 1 = 8

⓫ 4 5 → 5 − 1 = 4

◐ 도형 안의 세 수 중 두 수를 □ 안에 넣어 뺄셈식을 완성하시오.

(예) 3, 5, 2 → 3 − 1 = 2

❶ 7, 4, 5 → 5 − 1 = 4

❷ 4, 3, 6 → 4 − 1 = 3

❸ 6, 2, 1 → 2 − 1 = 1

❹ 9, 6, 8 → 9 − 1 = 8

❺ 5, 3, 6 → 6 − 1 = 5

❻ 6, 2, 3 → 3 − 1 = 2

❼ 7, 6, 9 → 7 − 1 = 6

❽ 3, 4, 8 → 4 − 1 = 3

❾ 8, 5, 7 → 8 − 1 = 7

잘 공부했는지 알아봅시다

월 일

1 그림을 보고 뺄셈식을 완성하시오.

❶ 

$7 - 1 = 6$

❷ 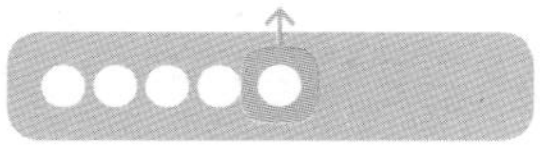

$5 - 1 = 4$

2 뺄셈을 하여 빈칸에 알맞은 수를 써넣으시오.

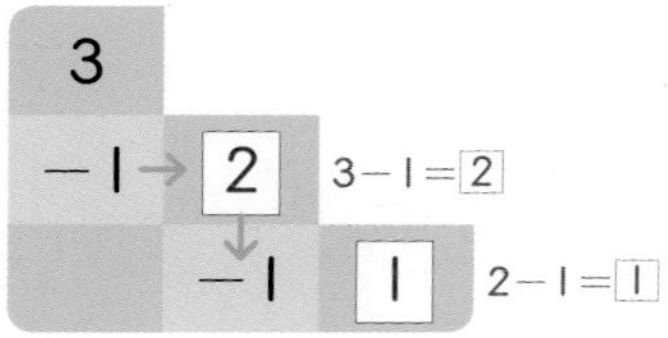

$3 \xrightarrow{-1} 2 \xrightarrow{-1} 1$

3 ▲ 안의 세 수 중 두 수를 사용하여 뺄셈식을 완성하시오.

❶ 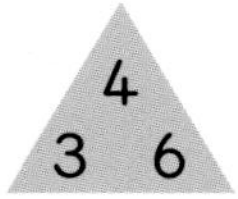

$4 - 1 = 3$

❷ 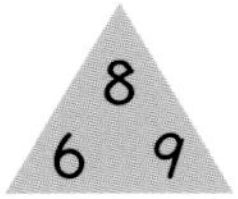

$9 - 1 = 8$

049 빼기 2

월 일

◐ 그림을 보고 □ 안에 알맞은 수를 써넣으시오.

7 − [2] = [5]

7개에서 2개를 지우면 5개가 남습니다.

❶ 8 − [2] = [6]

8개에서 2개를 지우면 6개가 남습니다.

❷ 9 − [2] = [7]

❸ 5 − [2] = [3]

❹ 6 − [2] = [4]

❺ 4 − [2] = [2]

❻ 3 − [2] = [1]

❼ 10 − [2] = [8]

❽ 5 − [2] = [3]

❾ 7 − [2] = [5]

◑ 빼는 수만큼 /로 지우고, □ 안에 알맞은 수를 써넣으시오.

[9] − 2 = [7]

❶ [6] − 2 = [4]

❷ [3] − 2 = [1]

❸ [7] − 2 = [5]

❹ [2] − 2 = [0]

❺ [5] − 2 = [3]

❻ [8] − 2 = [6]

❼ [4] − 2 = [2]

❽ [10] − 2 = [8]

❾ [9] − 2 = [7]

050 거꾸로 2칸

월 일

◐ 수직선에서 거꾸로 2 뛰어 센 수에 색칠하고 뺄셈을 하시오.

(예) 4, (6), 7, 8 — 7−2=5

❶ 5, 6, (8), 8, 9 — 9−2=7

❷ 2, 3, 4, 5 — 3−2=1

❸ 2, 4, 5, 6 — 5−2=3

❹ 2, 3, 5, 6 — 6−2=4

❺ 3, 4, 5, 6 — 4−2=2

❻ 5, 7, 8, 9 — 8−2=6

❼ 6, 7, 9, 10 — 10−2=8

'−2' 한 수는 수직선에서 거꾸로 2칸 뛰어 센 수입니다.

◑ 수직선을 보고 빈칸에 알맞은 수를 써넣으시오.

(예) 1, 2, 3, 4, 5 — 4−2=2

❶ 2, 3, 4, 5, 6 — 6−2=4

❷ 6, 7, 8, 9, 10 — 10−2=8

❸ 5, 6, 7, 8, 9 — 7−2=5

❹ 4, 5, 6, 7, 8 — 8−2=6

❺ 6, 7, 8, 9, 10 — 9−2=7

❻ 1, 2, 3, 4, 5 — 3−2=1

❼ 2, 3, 4, 5, 6 — 5−2=3

051 기구

◐ 뺄셈을 하여 빈칸에 알맞은 수를 써넣으시오.

	식	답
(예)	7−1	6
❶	6−1	5
❷	9−2	7
❸	10−1	9
❹	8−2	6
❺	5−1	4
❻	2−2	0
❼	3−1	2
❽	4−2	2

◑ 계산 결과가 맞지 않는 것에 /표 하시오.

(예) 6: 7−1 (6), 6−1 (5) (/), 8−2 (6)

❶ 3: 2−1 (1) (/), 5−2 (3), 4−1 (3)

❷ 7: 9−2, 8−1, 9−1 (/)

❸ 5: 6−1, 3−2 (/), 7−2

❹ 4: 3−1 (/), 6−2, 5−1

❺ 8: 9−1, 10−2, 7−1 (/)

052 화살표 약속

◐ 화살표 약속에 맞게 빈칸에 알맞은 수를 써넣으시오.

약속
← −1
≪ −2

(예) 0 ≪(−2) 2 / 8 ←(−1) 9

❶ 3 ←(−1) 4 / 5 ≪(−2) 7

❷ 6 ≪ 8 / 5 ← 6

❸ 4 ← 5 / 1 ≪ 3

❹ 7 ≪ 9 / 9 ← 10

❺ 5 ≪ 7 / 0 ← 1

❻ 7 ← 8 / 2 ≪ 4

❼ 4 ≪ 6 / 2 ← 3

❽ 0 ≪ 2 / 3 ← 4

❾ 5 ← 6 / 8 ≪ 10

❿ 3 ≪ 5 / 6 ← 7

◑ 화살표 약속에 맞게 < 또는 ≪를 그리시오.

월 일

(예) 1 ≪(−2) 3 / 6 ←(−1) 7

❶ 5 ←(−1) 6 / 2 ≪(−2) 4

❷ 7 ≪(−2) 9 / 6 ≪(−2) 8

❸ 4 ← 5 / 6 ≪ 8

❹ 5 ≪ 7 / 8 ≪ 10

❺ 2 ≪ 4 / 2 ← 3

❻ 4 ≪ 6 / 8 ← 9

❼ 0 ← 1 / 3 ≪ 5

❽ 5 ≪ 7 / 6 ← 7

❾ 3 ← 4 / 2 ← 3

❿ 0 ≪ 2 / 1 ← 2

⓫ 8 ≪ 10 / 4 ← 5

잘 공부했는지 알아봅시다

월 일

1 빼는 수만큼 /로 지우고 □ 안에 알맞은 수를 써넣으시오.

❶

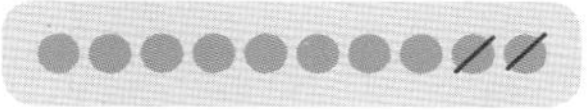

[10] − 2 = [8]

❷

[7] − 2 = [5]

2 수직선을 보고 뺄셈을 하시오.

❶

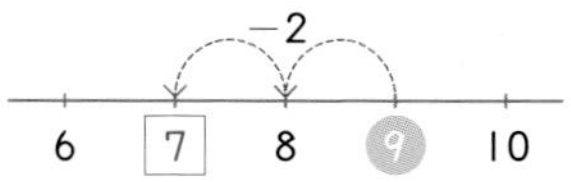

9 − 2 = [7]

❷

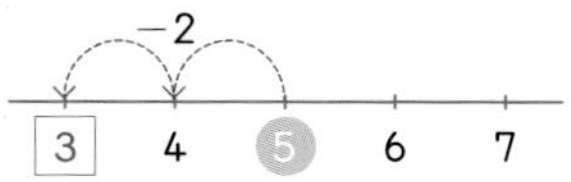

[5] − 2 = [3]

수직선에서 '−2' 한 수는 거꾸로 2칸 뛰어 센 수입니다.

3 계산 결과가 맞지 않는 것에 /표 하시오.

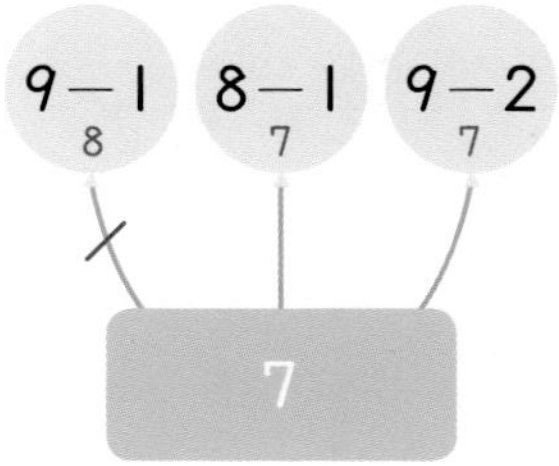

053 네모셈

월 일

◐ □ 안에 들어갈 수만큼 /로 지우고, 알맞은 수를 써넣으시오.

7 − [2] = 5
7에서 /로 지우고 남은 ●의 개수가 5입니다.

❶ 8 − [1] = 7
8에서 /로 지우고 남은 ●의 개수가 7입니다.

❷ 2 − [2] = 0

❸ 3 − [1] = 2

❹ 4 − [2] = 2

❺ 9 − [1] = 8

❻ 5 − [2] = 3

❼ 6 − [1] = 5

❽ 7 − [1] = 6

❾ 8 − [2] = 6

❿ 9 − [2] = 7

⓫ 3 − [2] = 1

◐ □ 안에 들어갈 수에 ○표 하고, 알맞은 수를 써넣으시오.

□ 안에 1 또는 2를 넣어 계산해 봅니다.

6 − [1] = 5 — ①, 2
6 − ① = 5
6 − 2 = 4

❶ 7 − [2] = 5 — 1, ②
7 − 1 = 6
7 − ② = 5

❷ 4 − [1] = 3 — ①, 2

❸ 9 − [2] = 7 — 1, ②

❹ 2 − [1] = 1 — ①, 2

❺ 6 − [2] = 4 — 1, ②

5 − [1] = 4 — ①, 2

❻ 8 − [2] = 6 — 1, ②

❼ 3 − [1] = 2 — ①, 2

❽ 4 − [2] = 2 — 1, ②

❾ 9 − [1] = 8 — ①, 2

❿ 5 − [2] = 3 — 1, ②

054 비행접시

◐ 계산에 맞게 선을 그으시오.

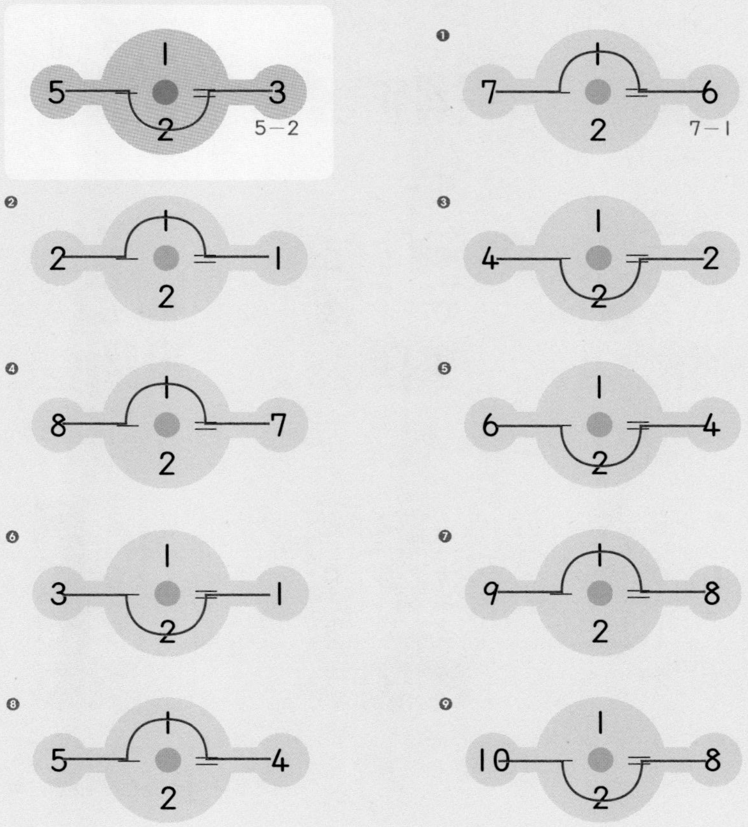

◑ ○ 안에 알맞은 수를 써넣으시오.

3 − (1) = 2 (3−1)

❶ 8 − (2) = 6 (8−2)

❷ 7 − (2) = 5

❸ 5 − (1) = 4

❹ 4 − (2) = 2

❺ 2 − (1) = 1

❻ 9 − (2) = 7

❼ 6 − (1) = 5

❽ 10 − (1) = 9

❾ 3 − (2) = 1

055 일이뺄셈표

◐ 빈칸에 알맞은 수를 써넣으시오.

가로와 세로가 만나는 곳에 두 수의 차를 씁니다.

−	2	1
7	5	6
2	0	1
4	2	3

❶

−	1	2
4	3	2
6	5	4
9	8	7

❷

−	2	1
3	1	2
8	6	7
5	3	4

❸

−	2	1
9	7	8
3	1	2

❹

−	1	2
2	1	0
5	4	3

❺

−	2	1
8	6	7
7	5	6

❻

−	2	1
8	6	7
6	4	5
5	3	4

❼

−	1	2
7	6	5
9	8	7
3	2	1

❽

−	2	1
4	2	3
2	0	1
10	8	9

월 일

◐ 빈칸에 알맞은 수를 써넣으시오.

먼저 칠해진 세로줄의 빈칸을 구합니다.

5 − 1 = 4

−	1	2
5	4	3
7	6	5
3	2	1

❶

9 − 1 = 8

−	2	1
9	7	8
8	6	7
2	0	1

❷

3 − 1 = 2

−	1	2
6	5	4
3	2	1
4	3	2

❸

−	1	2
6	5	4
5	4	3

❹

−	2	1
3	1	2
2	0	1

❺

−	1	2
10	9	8
5	4	3

❻

−	2	1
4	2	3
3	1	2
6	4	5

❼

−	2	1
5	3	4
10	8	9
7	5	6

❽

−	1	2
6	5	4
8	7	6
2	1	0

056 두줄표

◐ 빈칸에 알맞은 수를 써넣으시오.

예시 (−2)

7	3	2	9
5	1	0	7

7−2 3−2 2−2 9−2

❶ (−1)

4	6	1	8
3	5	0	7

4−1 6−1 1−1 8−1

❷ (−1)

5	9	7	10
4	8	6	9

❸ (−2)

2	10	4	5
0	8	2	3

❹ (−2)

6	5	8	7
4	3	6	5

❺ (−1)

2	8	5	3
1	7	4	2

❻ (−1)

3	1	6	9
2	0	5	8

❼ (−2)

7	9	3	10
5	7	1	8

❽ (−2)

2	6	4	5
0	4	2	3

❾ (−1)

9	10	7	4
8	9	6	3

◐ 빈칸에 알맞은 수를 써넣으시오.

○ 안의 수를 먼저 구합니다.

예시 −(1)

2	5	7	8
1	4	6	7

5−(1)=4이므로
○ 안의 수는 1입니다.

❶ −(2)

10	7	3	6
8	5	1	4

6−(2)=4이므로
○ 안의 수는 2입니다.

❷ −(2)

9	2	4	6
7	0	2	4

❸ −(1)

8	1	5	2
7	0	4	1

❹ −(1)

10	7	3	4
9	6	2	3

❺ −(2)

5	9	7	8
3	7	5	6

❻ −(2)

8	4	5	9
6	2	3	7

❼ −(1)

6	3	8	2
5	2	7	1

❽ −(1)

2	10	9	7
1	9	8	6

❾ −(2)

3	6	7	10
1	4	5	8

잘 공부했는지 알아봅시다

월 일

1 빨셈을 하여 빈칸에 알맞은 수를 써넣으시오.

❶ 8 → 1, 7 　 $8-1=7$

❷ 6 → 2, 4 　 $6-2=4$

❸ 5 → 2, 3 　 $5-2=3$

2 □ 안에 들어갈 수에 ○표 하고 알맞은 수를 써넣으시오.

❶ $4 - 1 = 3$ 　 (①, 2)

❷ $9 - 2 = 7$ 　 (1, ②)

3 뺄셈표의 빈칸에 알맞은 수를 써넣으시오.

❶

—	1	2
8	7	6
6	5	4
9	8	7

❷

—	1	2
5	4	3
7	6	5
3	2	1

057 1 큰 수 1 작은 수

월 일

◐ 1 큰 수와 1 작은 수를 구하시오.

'+1'은 1 큰 수, '−1'은 1 작은 수입니다.

	1 작은 수 (−1)	수	1 큰 수 (+1)
예	2	3	4
❶	6	7	8
❷	4	5	6
❸	5	6	7
❹	8	9	10
❺	1	2	3
❻	3	4	5
❼	7	8	9
❽	0	1	2
❾	2	3	4

◑ 계산을 하시오.

예 5+1=6, 5−1=4

❶ 8+1=9, 8−1=7

❷ 6+1=7, 6−1=5

❸ 7+1=8, 7−1=6

❹ 4+1=5, 4−1=3

❺ 3+1=4, 3−1=2

❻ 2−1=1, 2+1=3

❼ 9−1=8, 9+1=10

❽ 5−1=4, 5+1=6

❾ 3−1=2, 3+1=4

❿ 6−1=5, 6+1=7

⓫ 7−1=6, 7+1=8

058 연산자 넣기

월 일

◐ 계산에 맞게 선을 그으시오.

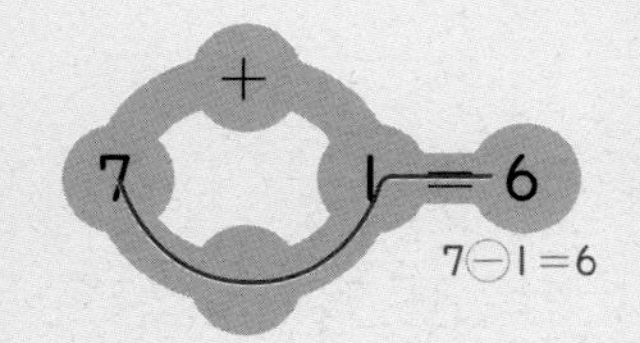

❶

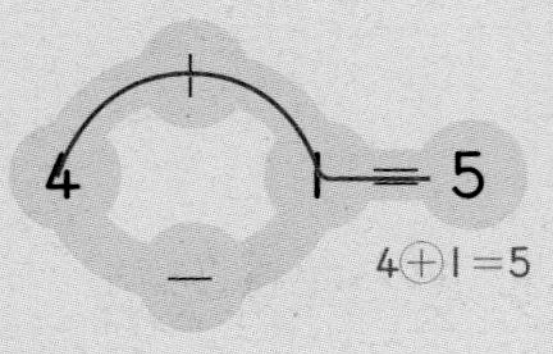

❷

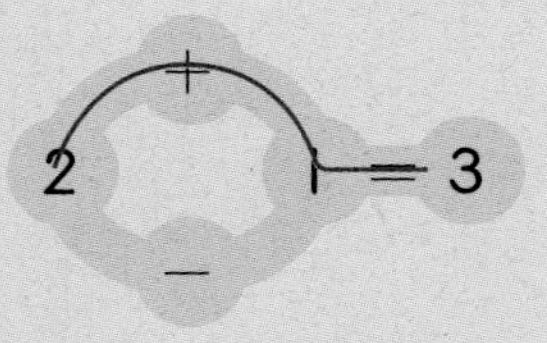

❸

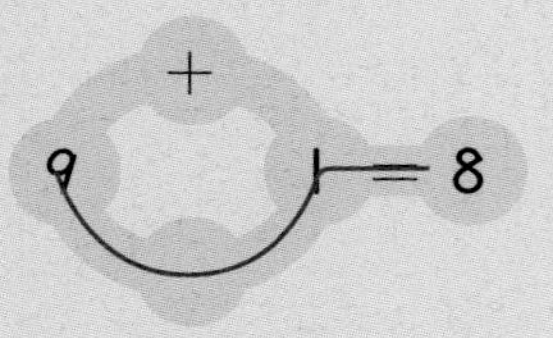

❹

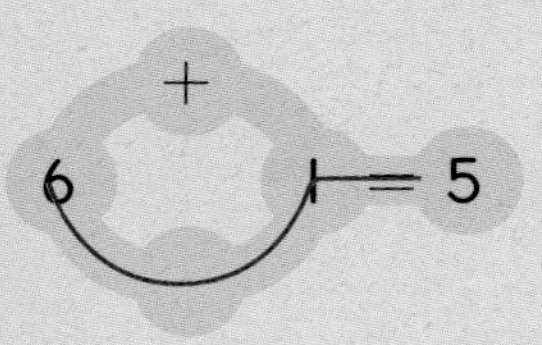

❺

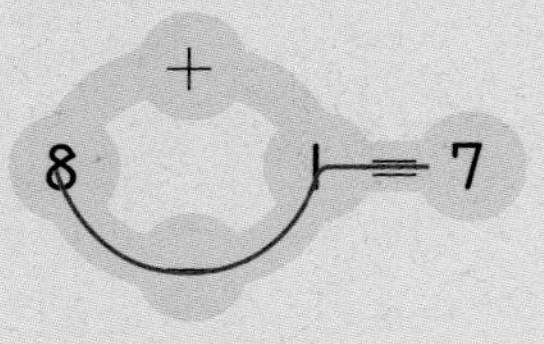

❻

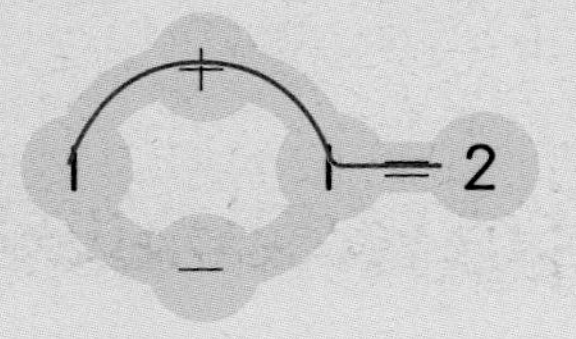

❼

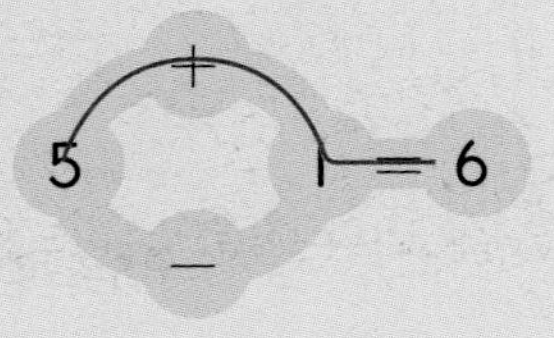

◑ ○ 안에 + 또는 −를 써넣으시오.

3 (+) 1=4
3 (−) 1=2

❶ 4 (−) 1=3
4 (+) 1=5

❷ 7 (+) 1=8
7 (−) 1=6

❸ 6 (−) 1=5
6 (+) 1=7

❹ 2 (+) 1=3
2 (−) 1=1

❺ 5 (+) 1=6
5 (−) 1=4

❻ 9 (+) 1=10
9 (−) 1=8

❼ 8 (−) 1=7
8 (+) 1=9

❽ 3 (−) 1=2
3 (+) 1=4

❾ 4 (+) 1=5
4 (−) 1=3

❿ 5 (−) 1=4
5 (+) 1=6

⓫ 6 (+) 1=7
6 (−) 1=5

059 성문 막기

◐ 관계있는 것끼리 선으로 이으시오.

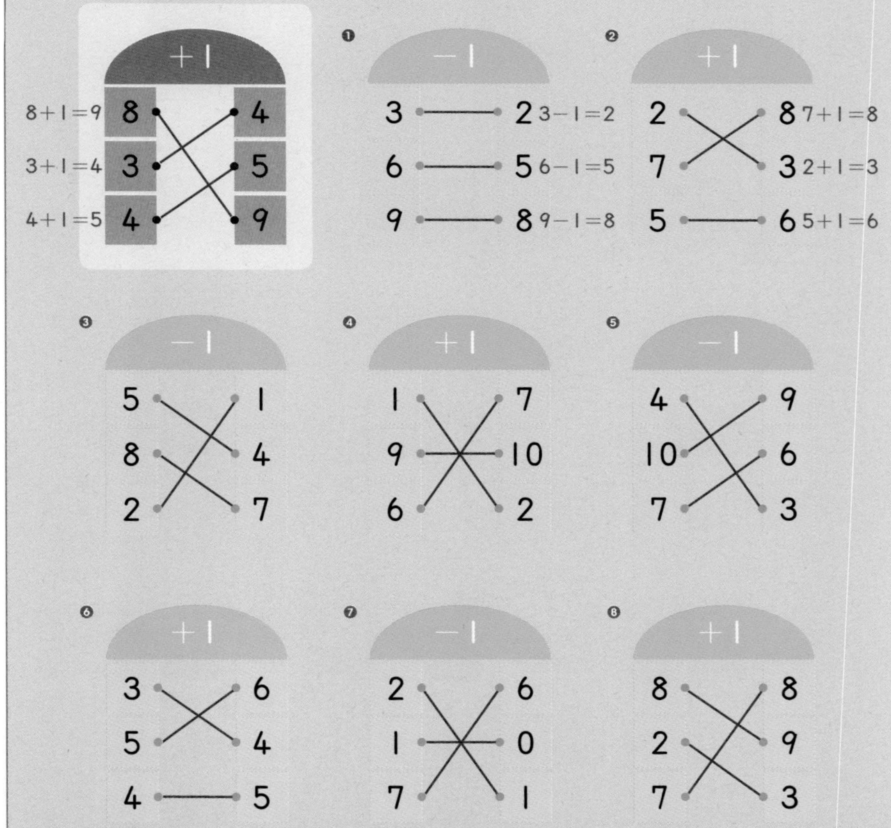

◑ ○ 안에 + 또는 −를 쓰고, 나머지 선 두 개를 그리시오.

선으로 이어진 두 수를 보고 ○ 안에 들어갈 기호를 구합니다.

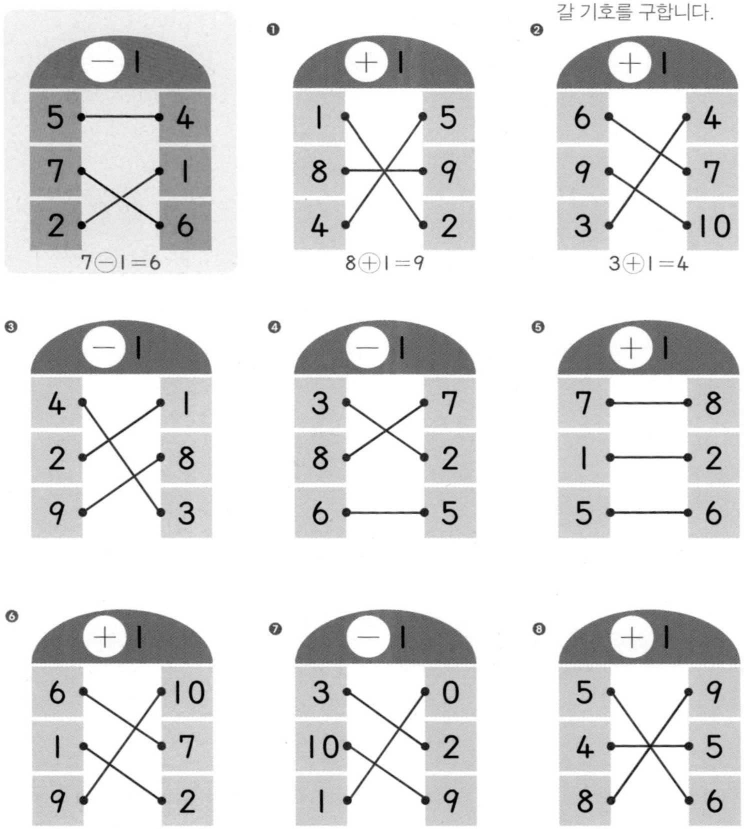

060 합차 두 수

◐ 두 수의 합과 차를 빈칸에 써넣으시오.

번호	두 수	합	차
예	6, 1	7 (6+1)	5 (6−1)
❶	9, 1	10 (9+1)	8 (9−1)
❷	5, 1	6 (5+1)	4 (5−1)
❸	4, 1	5	3
❹	7, 1	8	6
❺	6, 1	7	5
❻	3, 1	4	2
❼	2, 1	3	1
❽	8, 1	9	7
❾	7, 1	8	6
❿	1, 1	2	0
⓫	4, 1	5	3

◑ 빈칸에 알맞은 수를 써넣으시오.

주어진 합 또는 차를 이용하여 왼쪽 수를 구한 다음 나머지 수를 구합니다.

월 일

번호	두 수	합	차
예	① 3, 1	4	② 2
❶	① 8, 1	② 9	7
❷	① 2, 1	3	② 1
❸	7, 1	8	6
❹	9, 1	10	8
❺	6, 1	7	5
❻	5, 1	6	4
❼	4, 1	5	3
❽	1, 1	2	0
❾	9, 1	10	8
❿	8, 1	9	7
⓫	3, 1	4	2

예: ① 3 + 1 = 4 ② 3 − 1 = 2

❶: ① 8 − 1 = 7 ② 8 + 1 = 9

❷: ① 2 + 1 = 3 ② 2 − 1 = 1

잘 공부했는지 알아봅시다

월 일

1 1 큰 수와 1 작은 수를 구하시오.

❶ 5 ← 1 작은 수 (−1) ← 6 → 1 큰 수 (+1) → 7

❷ 7 ← 1 작은 수 (−1) ← 8 → 1 큰 수 (+1) → 9

2 두 수의 합과 차를 빈칸에 써넣으시오.

❶ 7, 1 — 합: 8 (7+1), 차: 6 (7−1)

❷ 2, 1 — 합: 3 (2+1), 차: 1 (2−1)

3 관계있는 것끼리 선으로 이으시오.

+1

9	5 (4+1=5)
2	10 (9+1=10)
4	3 (2+1=3)

061 자동차 길

◐ 계산 결과에 맞게 자동차 길을 그리시오.

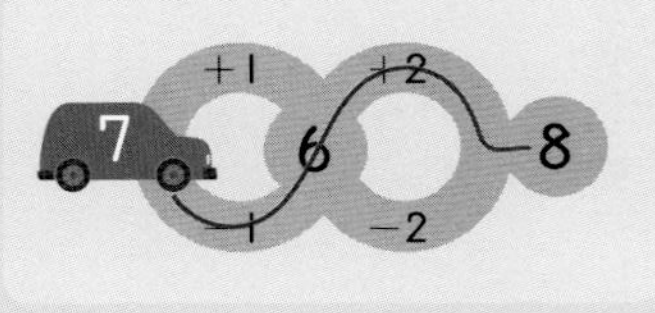

❶
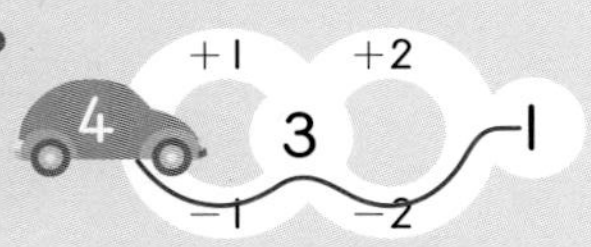

❷
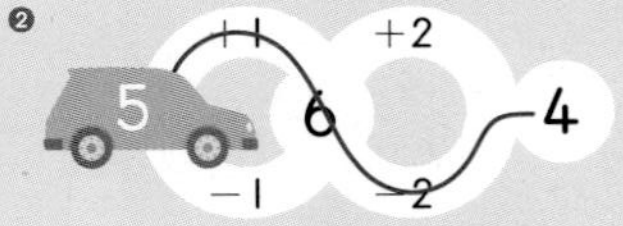

❸
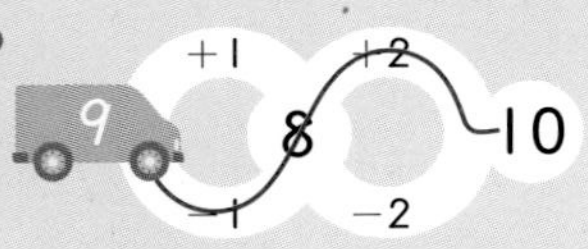

❹
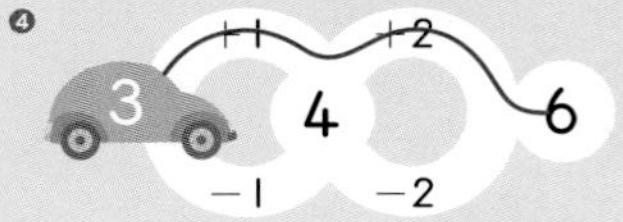

❺
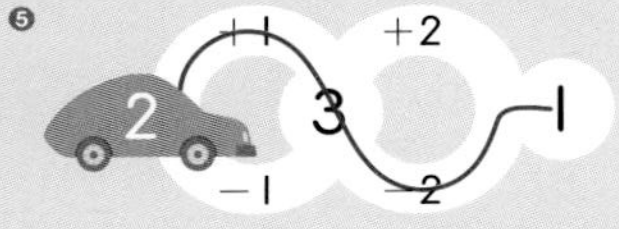

❻
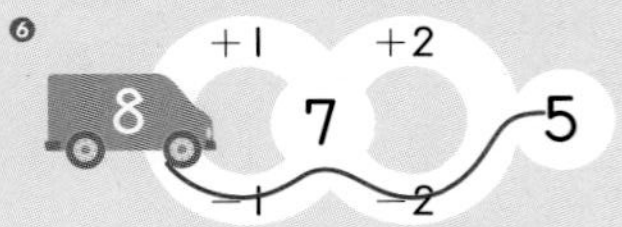

❼
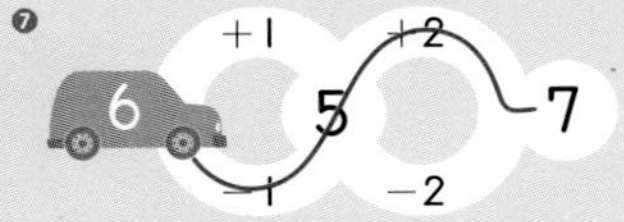

월 일

◑ ○ 안에는 + 또는 −, □ 안에는 1 또는 2를 넣어 계산식을 완성하시오.

7 (−) [2] = 5
4 (+) [1] = 5

❶ 3 (+) [1] = 4
9 (−) [1] = 8

❷ 5 (−) [2] = 3
6 (−) [1] = 5

❸ 3 (+) [2] = 5
6 (−) [2] = 4

❹ 1 (+) [1] = 2
8 (−) [1] = 7

❺ 8 (−) [2] = 6
2 (+) [1] = 3

❻ 2 (−) [1] = 1
8 (+) [2] = 10

❼ 6 (−) [2] = 4
4 (+) [1] = 5

❽ 7 (+) [1] = 8
5 (+) [2] = 7

❾ 9 (+) [1] = 10
5 (+) [1] = 6

❿ 1 (+) [1] = 2
3 (−) [2] = 1

⓫ 4 (−) [2] = 2
6 (+) [1] = 7

062 다리 잇기

◐ 계산을 한 다음 알맞게 선으로 이으시오.

(예) 8−2 [6] | 6+1 [7] | 9−1 [8]
8 | 6 | 7

❶ 3+1 [4] | 5−2 [3] | 7+2 [9]
9 | 3 | 4

❷ 4−2 | 1+2 | 7−1
2 | 6 | 3

❸ 9+1 | 9−2 | 3+2
7 | 5 | 10

❹ 5+2 | 3−1 | 4+2
6 | 2 | 7

❺ 2−1 | 8+1 | 6+2
9 | 1 | 8

◐ 계산 결과가 같은 것끼리 선으로 이으시오.

(예) 5+2 [7] | 3+2 [5] | 4−1 [3]
9−2 [7] | 1+2 [3] | 6−1 [5]

❶ 1+1 [2] | 8−2 [6] | 1+2 [3]
7−1 [6] | 5−2 [3] | 4−2 [2]

❷ 6−2 | 7+2 | 9−1
6+2 | 8+1 | 3+1

❸ 6+1 | 2−1 | 4+1
9−2 | 3−2 | 3+2

❹ 4+2 | 6+2 | 3−1
1+1 | 8−2 | 7+1

❺ 7+2 | 6−2 | 2+1
5−1 | 8+1 | 4−1

063 잎새 따기

◐ 계산 결과가 ● 안의 수와 다른 것을 찾아 /로 잎새를 따시오.

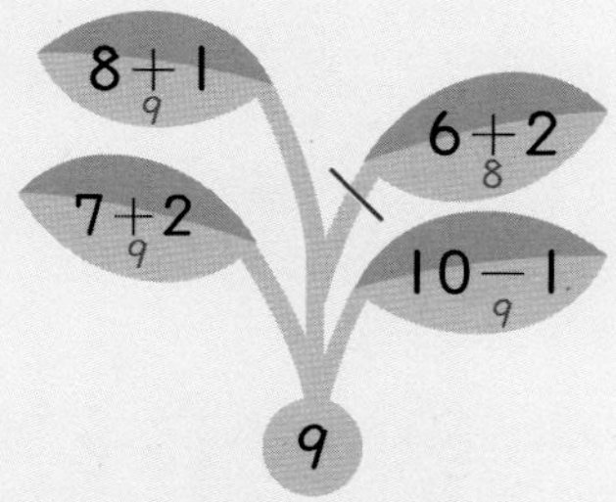

❶
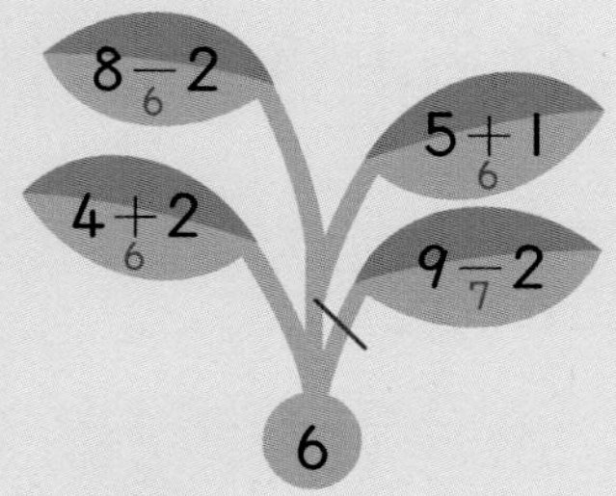

❷
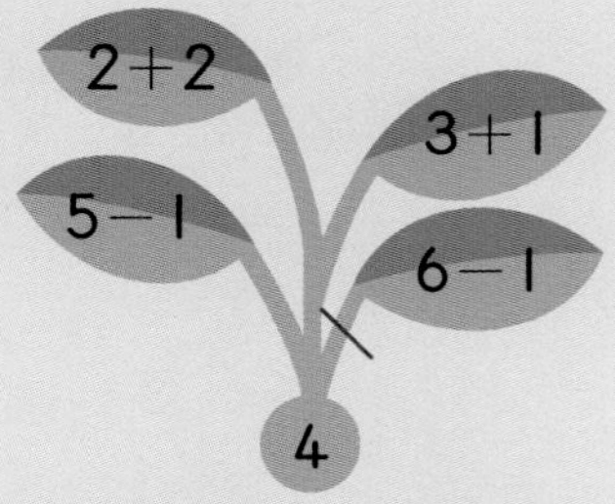

❸
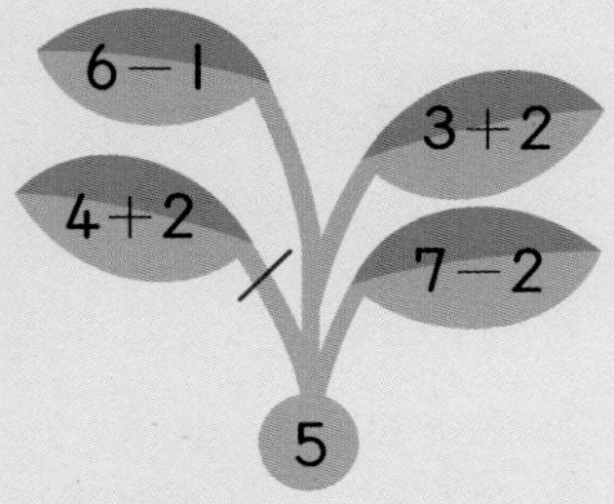

❹
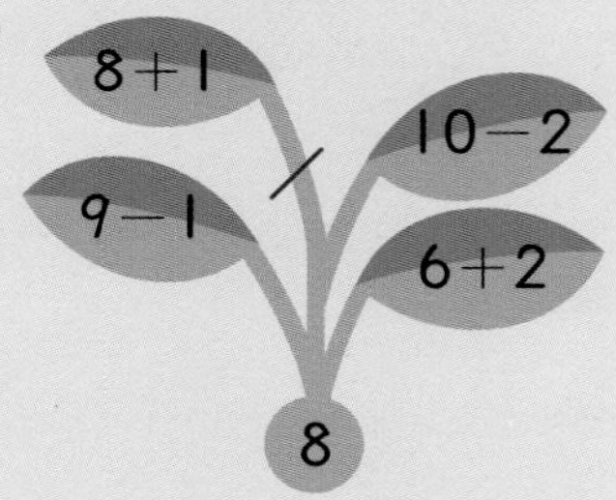

❺
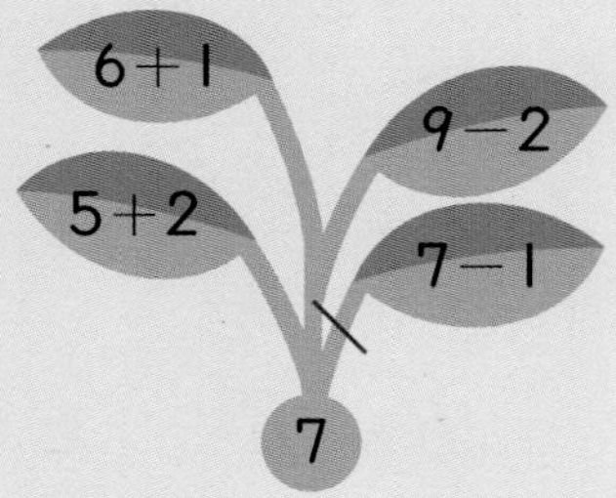

월 일

◒ 계산 결과가 다른 하나를 찾아 /로 잎새를 따시오.

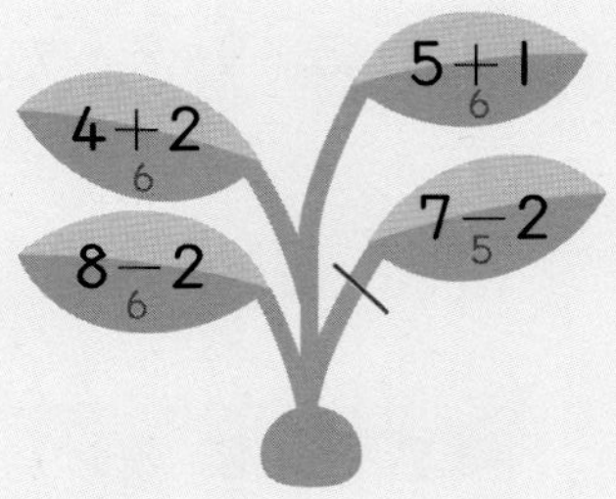

❶
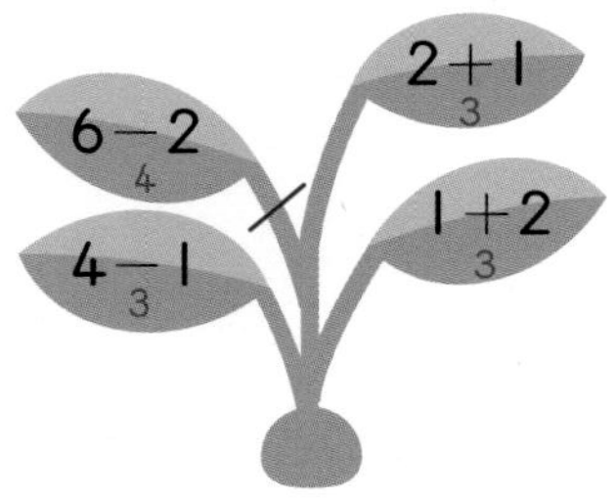

❷
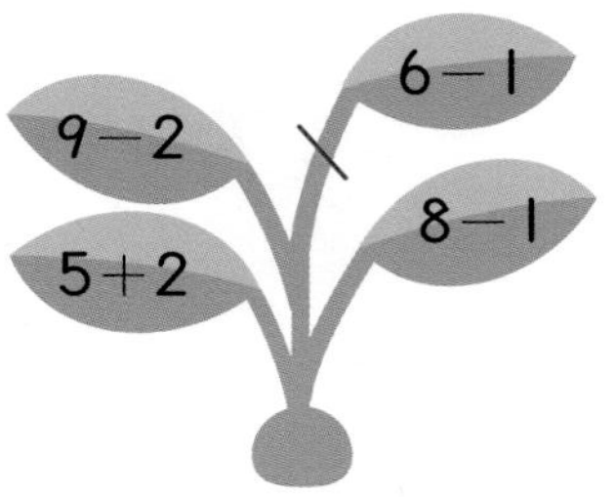

❸
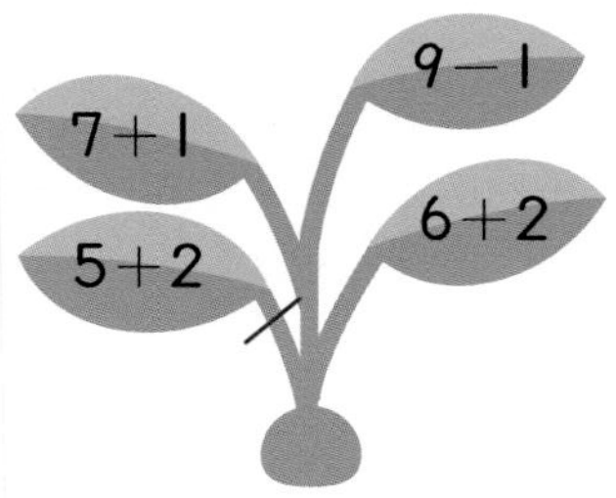

❹
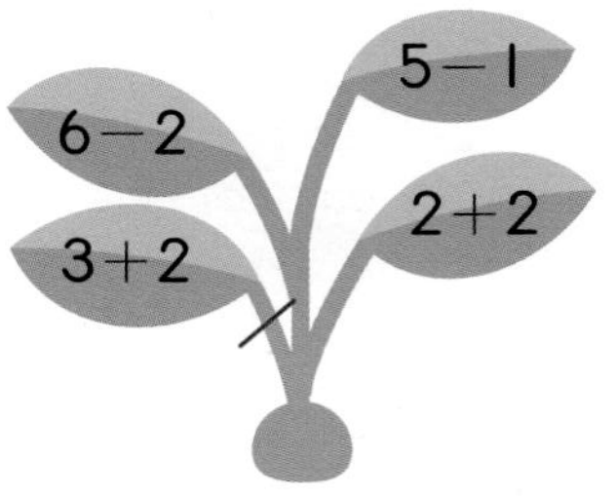

❺
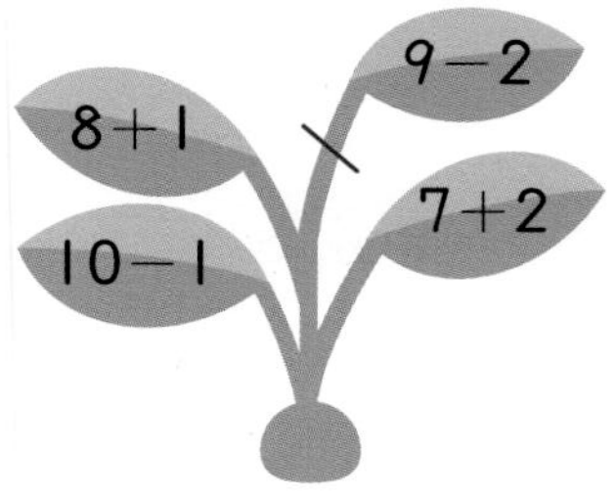

064 양방 수직선

◐ 그림을 보고 □ 안에 알맞은 수를 써넣으시오.

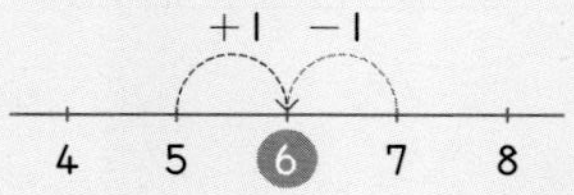

5+1=[7]−1

❶
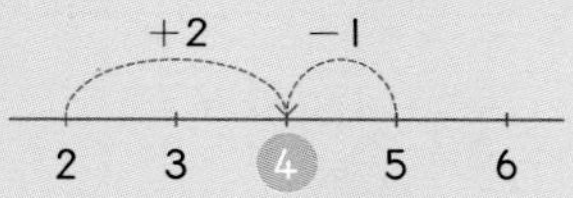

[2]+2=5−1

❷
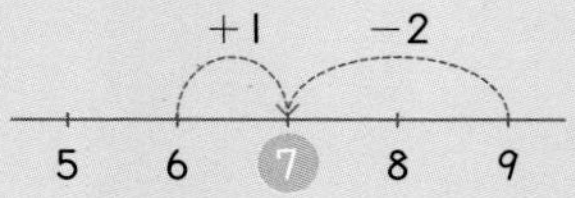

[6]+1=9−2

❸
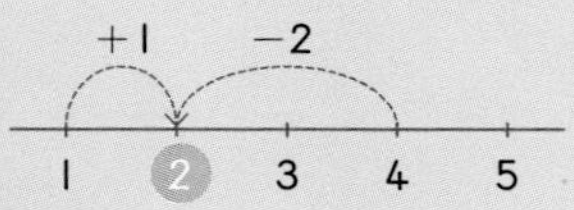

[1]+1=4−2

❹
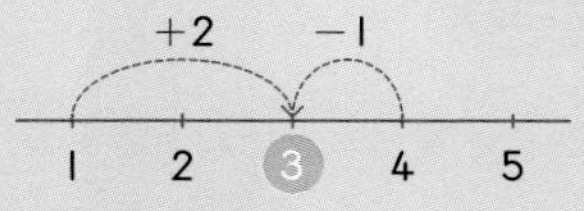

[1]+2=4−1

❺
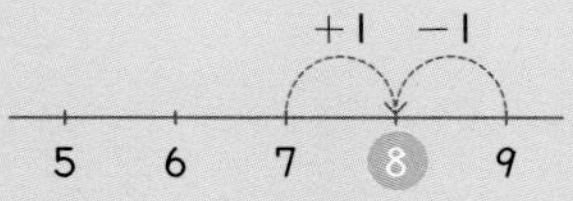

[7]+1=9−1

❻
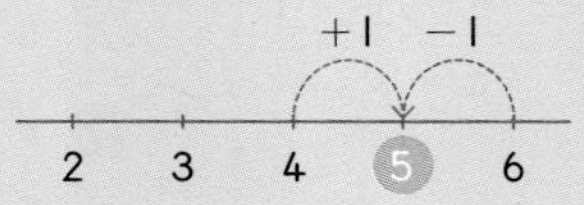

[4]+1=6−1

❼
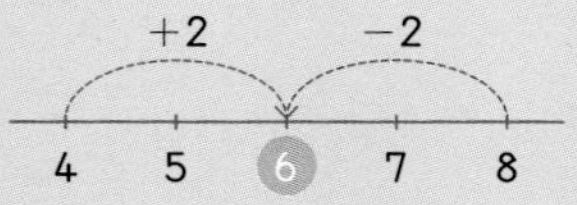

[4]+2=8−2

월 일

◑ □ 안에 알맞은 수를 써넣으시오.

□가 없는 쪽의 식을 계산하여 계산 결과를 구한 다음 □ 안에 들어갈 수를 찾습니다.

4+1=[6]−1

❶ [6]+1=9−2

❷ [2]+2=3+1

❸ [2]+1=5−2

❹ 8+1=[7]+2

❺ 3+3=[7]−1

❻ [1]+1=4−2

❼ [7]+1=10−2

❽ 5+2=[8]−1

❾ 3+2=[7]−2

❿ [5]+1=8−2

⓫ [3]+1=6−2

⓬ 1+2=[4]−1

⓭ 6+2=[9]−1

잘 공부했는지 알아봅시다

월 일

1 ○ 안에는 + 또는 −, □ 안에는 1 또는 2를 넣어 계산식을 완성하시오.

❶ 2 (+) [2] = 4
5 (−) [1] = 4

❷ 7 (−) [1] = 6
8 (−) [2] = 6

2 계산 결과가 다른 하나를 찾아 /로 잎새를 따시오.

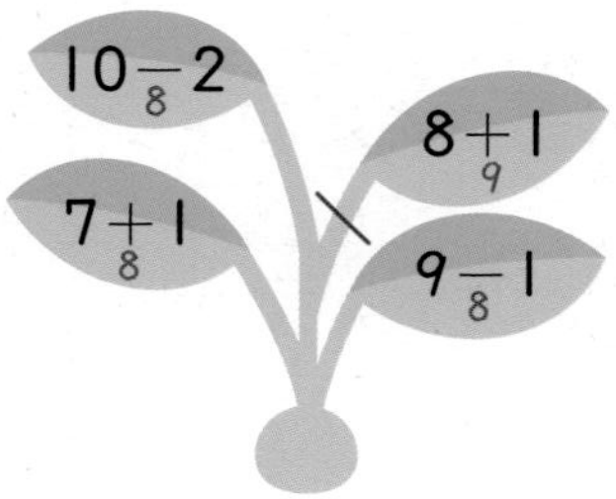

3 그림을 보고 빈칸에 알맞은 수를 써넣으시오.

❶
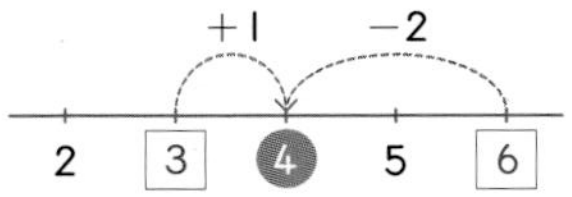

[3] + 1 = [6] − 2

❷
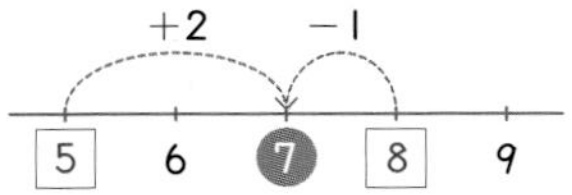

[5] + 2 = [8] − 1

수학 개념이 쉽고 빠르게 소화되는
월등한 개념 수학
중등수학 1-1
중등수학 2-1
중등수학 3-1
개통으로 수학이 쉬워지는
새로운 개념기본서
월등한 개념 수학 모델
이유진
www.nebooks.co.kr
배운 개념을 끊임없이 되짚어주니까
새로운 개념도 쉽게 이해됩니다
월등한 개념 수학
수학 개념이 쉽고 빠르게 소화되는 특별한 학습법
· 배운 개념과 배울 개념을 연결하여 소화가 쉬워지는 학습
· 문제의 핵심 용어를 짚어주어 소화가 빨라지는 학습
· 개념북에서 익히고 워크북에서 1:1로 확인하여 완벽하게 소화하는 학습
NE 능률